编　著
复旦大学科技考古研究院
慈溪市文物保护中心

主　编
郑建明　沈岳明

副主编
厉祖浩　谢纯龙

摄　影
主要由谢纯龙完成
（部分照片由收藏单位提供）

文　字
各窑场概况：郑建明
器物描述：潘佳利（越窑、南宋官窑）
　　　　　周杉杉（越窑、南宋官窑）
　　　　　周禺含（汝窑、张公巷窑）
　　　　　周雪妍（龙泉窑）
　　　　　郝雪琳（定窑）
　　　　　翁　倩（耀州窑）
　　　　　唐启迪（湖田窑）

片羽吉光

两宋之际代表性窑址出土瓷器

复旦大学科技考古研究院
慈溪市文物保护中心　编著

文物出版社

图书在版编目（CIP）数据

片羽吉光：两宋之际代表性窑址出土瓷器 / 复旦大学科技考古研究院, 慈溪市文物保护中心编著. -- 北京：文物出版社, 2022.11

ISBN 978-7-5010-7850-9

Ⅰ.①片… Ⅱ.①复… ②慈… Ⅲ.①瓷窑遗址—考古发掘—研究—中国—宋代②瓷器(考古)—出土文物—研究—中国—宋代 Ⅳ.①K878.54②K876.34

中国版本图书馆CIP数据核字(2022)第200550号

片羽吉光
——两宋之际代表性窑址出土瓷器

编　　著　复旦大学科技考古研究院
　　　　　慈溪市文物保护中心

责任编辑　谷艳雪　王　媛
美术编辑　程星涛
责任印制　王　芳

出版发行　文物出版社
社　　址　北京市东城区东直门内北小街2号楼
邮　　编　100007
网　　址　http://www.wenwu.com
经　　销　新华书店
制版印刷　天津图文方嘉印刷有限公司
开　　本　889mm×1194mm　1/16
印　　张　11
版　　次　2022年11月第1版
印　　次　2022年11月第1次印刷
书　　号　ISBN 978-7-5010-7850-9
定　　价　260.00元

目 录

两宋（宋金）时期，中国制瓷业由成熟走向繁荣，其上承唐代"南青北白"相对单一的格局，下启元明清绚烂多彩瓷的端绪，陶瓷史上的各大名窑也主要形成于这一时期。两宋（宋金）之际窑业的研究，对于探索包括汝窑、宋代官窑、定窑、耀州窑、湖田窑、越窑、龙泉窑、建窑、吉州窑等名窑的形成、发展及其相互之间的交流、影响具有重要的意义。"片羽吉光"展览汇集了诸多窑址出土的精品标本，较全面地反映了两宋（宋金）时期的窑业面貌，其首次采用众多同时期窑业对比的形式，更直观地反映了各窑场间的相互关系。本图录正是此次展品的汇集。

两宋（宋金）之际，全国的窑业发展主要有以下特征：作为青瓷主体的越窑衰落，并完成向龙泉窑的传递；北方地区的耀州窑走向繁盛，几乎在大半个中国铺陈开来，形成庞大的耀州窑系青瓷；以汝窑为代表的浮浊厚釉青瓷成熟并形成新的宫廷用瓷标准，历南宋越窑，由南宋官窑与龙泉窑发展到极致，将传统的中国青瓷制造业推向登峰造极。作为白瓷代表的定窑发展达到鼎盛，并进一步向北方、南方地区渗透，在山西、河北以及长江上游地区的四川地区形成新的窑业，长江中下游地区的青白瓷中亦见到更多来自于定窑的元素。介于青瓷与白瓷之间的青白瓷作为全新的门类也迎来了发展的鼎盛时期，其窑业中心为江西景德镇，窑业技术迅速向浙江、福建、广东、广西等沿海地区辐射，青白瓷成为海外输出的最大宗商品之一。作为成熟瓷器起源的重要部分，东汉以来即烧制成功的黑釉瓷器，在这一时期完成了早期黑釉向建窑系黑釉的转变，并迅速在全国形成席卷之势，以盏为代表的建窑系黑釉瓷器分布遍及北起雁门关、南至岭南、东起大海之滨、西及川陕高原的大半个中国。而面貌更为复杂的吉州窑，除了黑釉瓷器以外，以各种窑变与加彩工艺在两宋之际的窑业中独具一格。元明时期几乎席卷大半个中部地区的钧窑系瓷器亦于这一时期走向兴盛。这一时期，相似的纹样、相同的器形在龙泉窑、定窑、湖田窑等不同窑业种类、不同窑系的产品上出现，体现了当时全国窑业技术的高速交流与高效融合，这种南北窑业的交流、激荡，窑工的开放，社会的包容，共同将中国的传统制瓷业发展推向了最高峰。

1 越窑的衰落，龙泉窑的传承和创新

北宋中晚期，越窑由盛转衰，胎釉质量进一步下降，器物种类减少、器形单一、造型简单，早期的大量高等级、高质量器物这一时期消失不见。装饰仍较为复杂，

两宋（宋金）之际中国窑业格局与特征

郑建明

图 1　北宋晚期越窑刻花盘

图 2　北宋早中期龙泉窑青瓷执壶

图 3　北宋晚期龙泉窑刻花执壶

图 4　北宋晚期龙泉窑 M 形匣钵与器底泥饼

但技法极其草率，很多图案比例失调（图1）。胎釉变化极大，无论是胎还是釉均不甚稳定。越到后期胎色变化越大、胎质越粗，出现大量气孔等问题的废品比例也越高。天青釉的比例极低，釉色变深泛灰、泛黄，后期几乎不见莹润的釉面，青灰、青黄色釉均死气沉沉，质感不强。装烧工艺上，匣钵的使用逐渐减少，更多为明火裸烧。窑址数量迅速减少，规模萎缩。

龙泉窑真正成规模、成系列的出现当始于北宋中期偏早或早期偏晚阶段，代表性窑址为龙泉金村的大窑垟与庆元的上垟等。从当时窑址的分布情况来看，其整体数量并不多，且每处窑址规模也不是很大，处于龙泉窑的初创时期，虽然此后不同时期龙泉窑产品面貌差别较大，但序列完整，不再间断且自成体系，因此可以说是龙泉窑明确的开端。器形主要包括碗、盘、碟、执壶（图2）、盏、盏托、熏、五管灯、孔明碗、钵、盒、盘口瓶、五管瓶等。胎色极浅，近似于白胎，胎质细腻坚致。与胎的浅色相一致，釉色极浅，淡青釉极具特色。胎釉结合好，施釉均匀，釉面匀净且质感强，质量较佳，但釉层极薄，仍为浙江地区传统的玻璃薄釉。装饰较为复杂，技法除细划花外，亦有较多的刻花、堆塑、镂孔等，以细划花与粗刻花最为流行。流行匣钵装烧，主要是M形匣钵，也有少量筒形匣钵，一般一匣一器，用垫圈将器物与匣钵隔开，垫圈与器物之间、垫圈与匣钵之间均使用长的泥条间隔。

这一时期绝大多数龙泉窑产品的器形、装饰以及装烧工艺与越窑几无二致，仅少量器形如五管瓶等在越窑中较为少见。越窑的影响显而易见。

北宋晚期，越窑逐渐走向衰落，产品粗恶丑陋，再无模仿的必要与价值。为初具规模的窑业找寻突破口与出路，成为北宋晚期龙泉窑窑工的重要任务。

从窑址规模看，北宋晚期不仅金村地区的龙泉窑窑址数量有所增加，其窑业还扩展到了几乎整个龙泉地区，包括大窑、山里、石隆、东区紧水滩水库等，同时在闽北地区亦形成了一定规模的窑业。产品面貌亦发生了质的改变，无论是器形、装饰还是胎釉以及装烧工艺等，都与北宋中期的产品截然不同。器形主要有碗、盘、碟、盒、孔明碗、盘口瓶、执壶、五管瓶、炉、五管灯、梅瓶等。从整体造型来看，胎体变厚，多数器物圈足较矮，器形变得厚重。胎釉变化极大，胎色变深，浅青灰色胎成为主流；淡青色釉不见，代之以深青色和青绿色釉等。釉面洁净，施釉均匀，釉质莹润，仍为极薄的玻璃状釉。一般为内外满釉，外底不施釉。装饰极为发达，以刻花技法占据绝对的主流，题材基本为缠枝花卉纹、莲瓣纹、折扇纹、篦划纹、篦点纹、蕉叶纹等（图3）。装烧方面全部使用匣钵，一般一器一匣，以M形匣钵为主，筒形匣钵用于烧造大型器物。器物外底不施釉，与匣钵之间使用陶质小垫饼垫烧（图4）。匣钵均为粗陶质。垫饼胎质粗，制作较为随意。

这一时期的龙泉窑开始摆脱越窑影响（不管是主动还是被动的），转而寻找自己的风格。虽然作为其主体风格的乳浊釉还没有出现，但可以看到不少国内其他窑场的影响痕迹，包括耀州窑、湖田窑甚至定窑等。

2 耀州窑的繁盛与耀州窑系青瓷的形成

北宋时期的耀州窑青瓷沿袭了其五代以来的快速上升通道，很快在北宋中晚期至金代早期迎来了发展的鼎盛时期。青瓷不仅是北宋耀州窑的大宗品种，也是其最高工艺水平的体现。器物种类非常丰富，以碗、盘类器物为主，亦有罐、执壶、瓶、腰鼓、高足灯、樽、五足炉、鼎炉等，每种器物又有多种不同的器形。流行纹样装饰，以刻花、印花技法为主，遒劲、犀利、酣畅、奔放，精湛的技艺和独特的风格确立了耀州窑作为宋代名窑的历史地位。纹饰题材多样，以牡丹、菊、莲等花卉纹为主，还有龙、凤、狮、鸭、鱼等瑞兽、珍禽和水族组成的各种图案（图 5）。青瓷以灰白色胎为主，胎质较细而致密，且不再施化妆土。釉色以较深沉的橄榄青为主，釉层均匀，釉面较为莹润。陆游《老学庵笔记》中称"耀州青瓷器谓之越器，以其类余姚秘色也"。

宋代耀州窑青瓷影响极大，其迅速向河南、河北、山西以及浙江、福建、湖南、江西、广东、广西（图 6）等地区扩张，形成了以印花为特色的庞大耀州窑系青瓷，只是各地产品质量参差不齐、釉色青黄不一。北宋晚期浙江的龙泉窑产品应该就是受到耀州窑影响，在浙闽一带形成庞大的以刻划花为主要特征的薄釉龙泉窑青瓷，亦称为珠光青瓷、土龙泉或同安窑青瓷等。

图 5　北宋晚期耀州窑青瓷执壶

图 6　广西窑田岭窑址出土北宋晚期青瓷碗

3 汝窑及两宋宫廷用瓷新特征的形成

官用天青色汝窑瓷器烧造地的确认是 20 世纪陶瓷考古的重要成果之一。1986 年，在宝丰清凉寺发现了一批天青釉瓷器，由此确认北宋汝窑的产地[1]。其历年发掘出土的器物囊括了目前所见所有传世汝瓷的器形和釉色，还出土了大量传世品未见器形，包括碗、盘、盏、盏托、洗、各种瓶、梅瓶、熏炉（图 7）、水仙盆、温碗、三足洗、套盒等，基本解决了汝窑产地、产品基本面貌与烧造工艺等问题[2]。胎色多较深，呈青灰色，俗称香灰胎，胎质细腻致密。釉层较厚，施釉均匀，釉色呈乳浊失透的天青色，釉面莹润，玉质感强。以素面为主，少量带有刻划的龙纹等。装烧方面主要使用细小的支钉与足端刮釉垫饼垫烧两种工艺。

此外，在张公巷窑址发现了一批全新的青釉瓷器，既不同于临汝窑的豆青釉，也有别于宝丰清凉寺汝窑的天青色。釉色可分为卵青、淡青、灰青和青绿色等。釉层较厚，釉面莹润。与清凉寺产品相比，釉面玻璃质感较强，部分器物表面满布细碎冰裂纹开片（图 8）。胎质细腻坚实，胎色有粉白、灰白色和少量浅灰色。器底支钉痕呈非常规整的小米粒状，支钉数见三、四、五、六枚不等。该窑址产品应与宫廷用瓷有密切关系，在窑业技术上又与汝窑有紧密联系，大大丰富了汝窑研究的内容。

图 7　清凉寺窑址出土汝窑熏炉

1. 汪庆正等：《汝窑的发现》，上海人民美术出版社，1987 年。

2. 赵宏：《汝窑考古发现三十年》，《寻根》2017 年第 6 期。

图 8 张公巷窑址出土青瓷盘

图 9 南宋越窑乳浊釉青瓷厚釉小罐

图 10 老虎洞窑址出土青瓷鼎式炉

图 11 南宋龙泉窑青瓷堆贴虎纹瓶

宋室南渡，汝窑衰亡，上林湖地区成为南宋早期宫廷用瓷的主要生产地，为上林湖越窑带来了短暂的最后荣光。越窑的传统生产工艺结合南下的汝窑技艺，创烧出全新的乳浊釉产品（图9），具有承上启下的重要作用。南宋政权安定后，南宋官窑与龙泉窑大量生产乳浊釉产品（图10、图11），以薄胎厚釉的粉青釉产品为最佳，其厚釉真正达到了如玉的效果，不仅成为全新的宫廷用瓷标准，同时将传统青瓷烧造技艺推向了巅峰。

4 以定窑为代表的北方白瓷的兴盛与扩张

定窑是宋代名窑之一，是北方地区宋金时期最具代表性的白瓷窑场，也是继唐代邢窑之后兴起的又一个大的白瓷窑体系。其创烧于隋唐，发展于五代与北宋早期，极盛于北宋晚期至金代早期，终于元。定窑产品以白瓷著称，兼烧黑釉、酱釉和绿釉瓷，在文献中分别被称为"黑定""紫定""绿定"。

宋金之际是定窑独具特色的工艺和艺术风格的成熟时期。这一时期的定窑产品以盘、碗、碟、盏、罐、盒、执壶等日用器为主，亦有炉、净瓶、瓶等礼制用瓷。整体造型修长秀丽、胎体轻薄。胎色多洁白，胎质细腻。釉面匀净莹润，釉色白中泛黄。装饰大量流行，除早期延续的刻划花工艺外，新出现并流行印花工艺。刻划花纹样大多简洁明快，构图比较简单，以花卉纹、水波鱼纹最为常见（图12）。装烧方面开始使用覆烧工艺（图13），产量迅速提高。

北宋后期，定窑将模印成型与印花工艺结合，盘、碗类印花白瓷的产量迅速提高，成为当时的主要品种。印花图案层次分明、构图复杂、画面繁密、题材丰富，包括各种花卉、鱼水、龙凤、蟠螭、狮、鹿、鸳鸯、仙鹤、游鸭、婴戏、博古等。精美细致的印花白瓷成为最能代表定窑艺术风格的标志性产品[3]。

宋徽宗时宫廷设有专为皇室服务的"六尚局"。北宋定窑有带"尚食局""尚药局""官""乔位"等款识的瓷器，金代亦有带"尚食局""东宫"款的器物，还有不少器物装饰有龙纹，无不揭示出定窑与宫廷的紧密关系。明谷应泰《博物要览》中称"定窑器皿以宣和、政和年造者佳，时为御府烧造"[4]。

定窑不仅自身在宋金之际发展至鼎盛，其窑业技术、装饰工艺等还对当时中国南北方诸多窑业产生了重大影响。北方地区的河北井陉、山西霍州等地区形成了与定窑风格极为接近的细白瓷窑业体系。南方地区的四川磁峰窑是宋元时期成都平原生产白瓷的典型代表，鼎盛时期在北宋中期到南宋末期，产品以白瓷为主，器类以碗、盘最多。其白瓷产品多胎质坚致细腻，胎色多白中略泛灰；釉色洁白，或呈灰白、白中闪黄等颜色。磁峰窑产品的造型、釉色、纹饰与北方定窑系产品接近，因此又被看成中国西南地区的定窑系窑址。

3 北京艺术博物馆：《中国定窑》，中国华侨出版社，2012年

4 北京艺术博物馆：《中国定窑》，中国华侨出版社，2012年

图12 北宋晚期定窑刻花盘

图13 定窑覆烧工艺

图14 北宋晚期湖田窑执壶与温碗

图15 广西中和窑出土北宋晚期青白瓷炉

此外，定窑的覆烧以及印花工艺在两宋之际亦开始在以景德镇为代表的青白瓷窑系中广泛流行，青白瓷的芒口特征和碗、盘类器物的器形与纹饰均与定窑白瓷有诸多相似之处，体现了两地窑业的深度交流。

5 景德镇湖田窑青白瓷的兴盛与扩张

景德镇湖田窑青白瓷约创烧于五代，发展于北宋早期，兴盛于北宋晚期至南宋早期，在南宋晚期衰退的同时产品面貌发生巨大转变，元代以后，盛极一时的青白瓷产品虽被卵白釉等瓷器所取代，但其生产一直延及明清时期。北宋中晚期到南宋早期的湖田窑青白瓷胎釉质量精细，被称为饶玉。装饰以刻划花为主，印花在南宋中期以后渐趋流行，手法简练，技巧娴熟。纹饰题材以莲荷、牡丹、菊花等为主。装烧工艺方面，北宋中晚期出现覆烧工艺，但仍以仰烧法为主；南宋以后逐渐为芒口覆烧法所取代[5]。

青白瓷的生产以景德镇的湖田窑等为核心，不仅生产规模庞大、窑业发展序列完整，而且质量很高，尤其是北宋中晚期至南宋早期鼎盛时期的产品，胎体薄而透光，釉色莹润亮丽，釉质如玉，釉面晶莹碧透，造型秀美精巧，被称为影青瓷。以目前的考古资料来看，这部分高质量瓷器主要限于景德镇地区烧造（图 14）。

青白瓷是两宋时期南方地区产品流布极广、窑业烧造规模极为庞大的瓷器种类。以江西地区来说，除窑业的核心景德镇以外，生产青白瓷的窑场在纵贯江西南北的赣江流域及其支流（如抚河等）均有广泛分布，并且在赣江上游的赣州七里镇、吉州永和镇、抚河流域的南丰白舍等地形成相当大的生产规模，质量仅次于景德镇地区，成为青白瓷生产的次级生产区域。在江西以外，整个中国东南地区均有青白瓷窑址分布，包括长江沿线的安徽、湖北、湖南，以及更往南的浙江、福建、广东、广西等。尤其是福建，从靠近江西地区的闽西北内陆延及闽东南江海，几乎整个省域都有生产青白瓷的窑场，并且德化、闽清一带生产的规模相当庞大，产品广泛出口于当时的海外市场。

青白瓷由以景德镇为中心的长江沿线向南方地区迅速扩张，主要时间点即在两宋之际。由福建地区的青白瓷窑业，可以明显看到闽西北在北宋晚期出现窑业，越往东、往南时代越晚的特征。岭南地区最为庞大的青白瓷窑业主要集中在广西的北流河流域，其烧造与兴盛时期亦为两宋之际（图 15）。

5 陈雨前：《宋代景德镇青白瓷的历史分期及其特征》，《中国陶瓷》2007年第6期。

6 黑釉瓷器面貌的转变与建窑、吉州窑系形成

黑釉瓷是以富含氧化铁的釉料为呈色剂，以少量或微量的锰、钴、铜、铬等氧化剂为着色剂，在温度约1200℃的氧化焰中烧成的釉面呈黑色或黑褐色的瓷器。

黑釉瓷是最早出现的瓷器之一，与青瓷一起构成了中国早期瓷器的发展史。它成熟于东汉，发展于东晋南朝，繁荣于宋金，时间上从东汉延续至今，空间上遍布全国南北，自创烧以来便未曾间断。从目前的考古资料来看，成熟黑釉瓷器最早出现在东汉时期的德清、上虞一带。德清一带的黑釉瓷出现时间早、窑址数量多、发展序列较为完整，至东晋时德清窑已生产出乌黑精致的鸡首壶、盘口四系壶、四系罐等。其虽与青瓷并行发展，却始终未进入瓷器生产主流，只是作为青瓷的附属产品[6]。

唐代黑釉瓷生产初具规模，但除少量精品外，产品多以民间日用瓷为主，质朴廉价，被人所忽视，成为游离于"南青北白"格局之外的又一瓷器系统。宋元时期，饮茶和斗茶之风的盛行刺激和带动了黑釉瓷的发展和繁荣，以建窑和吉州窑为代表的黑釉瓷开始登上历史舞台，河南、河北、山西、陕西、山东等地在烧制黑釉瓷的经验基础上兴起了仿建盏热潮。当时的黑釉瓷器虽也有精致如曲阳黑定的纯黑釉器，但更多的则是追求多变的华丽外观，既流行如窑变（油滴、兔毫纹、玳瑁、虎皮斑）、剪纸贴花、木叶纹等南方装饰工艺，也大量运用黑釉剔花、铁锈花、白覆轮、黑釉凸线（粉杠瓷）等北方传统装饰工艺。元代以后，由于饮茶习惯和统治者审美风格的改变，加之景德镇窑业的兴起，黑釉瓷的烧造在元末明初逐渐衰落，但由于其取材容易、制作简单、成本低廉，故而始终在民用瓷中占据一定地位。

自东汉创烧并延续到唐代的黑釉瓷器，基本特征为施釉较均匀，釉层薄，釉面相对较润泽，玻璃质感并不十分强烈。这与以建窑黑釉盏为代表的宋代黑釉瓷器区别明显，后者釉层厚，釉流动性大，下腹积釉明显，玻璃质感强，有明显的浮光。这是由于釉的晶体结构发生了巨大变化——由玻璃釉转变为分相-析晶釉。

建窑的兴起正是在两宋之际。建窑窑址位于今福建省建阳市水吉镇，其创烧于晚唐、五代，北宋晚期至南宋时期达到鼎盛，明清时期衰落。晚唐、五代时以烧造青釉瓷器为主，兼烧少量黑釉瓷。到了北宋晚期，由于斗茶风气盛行，建窑转为大量生产黑釉瓷，还曾为宫廷烧制斗茶使用的黑釉盏，并于器底刻"进盏""供御"字样。建窑黑釉瓷器形以盏、碗为主，胎体厚重，胎质坚致，因胎中含铁量较高而呈灰黑或紫黑色，故又有"铁胎"之称（或称乌泥窑、黑建、乌泥建等）。内满釉，外施釉近底足，施釉线处积釉不规则，足底无釉而露胎。釉色光亮，依釉面上所形成的不同氧化铁结晶斑，分为兔毫、油滴、鹧鸪斑、曜变等（图16）。

6. 段晴：《知白守黑——北方黑釉瓷精品文物展》，《收藏》2016年第11期。

图 16　北宋晚期建窑黑釉盏

由于饮茶方式的变化，建窑系黑釉瓷器的生产迅速扩张，几乎遍及全国所有窑业烧造区。福建地区就有武夷山遇林亭、闽侯碗窑山、东张、南平茶洋、德化碗坪仑窑、浦城半路窑、建瓯小松窑、将乐县碗碟墩、松溪县西门窑等窑址。江西的沿山盏窑纯烧黑釉瓷器，七里镇窑、宁都山坝、南丰白舍、贵溪坝上、金溪、永丰山口、萍乡南坑诸窑址均兼烧黑釉瓷器。巴蜀地区有涂山窑、金凤窑、广元瓷窑铺窑等。浙江有潘里垄窑址。目前北方地区发现的专烧黑釉瓷的窑址较少，大多是同白釉瓷或青釉瓷一同烧造，或是仅在某一时期烧造。两宋（宋金）之际，河北、山西、河南等地亦广泛烧造建盏系瓷器，窑址分布最远达大同雁门关一带。

以浙江为例，可以明显看到两宋时期福建地区黑釉瓷窑业的影响。以建窑所在的闽北为中心，有由强转弱的三个层级：第一层级主要集中在紧邻福建的庆元县，产品面貌与建窑基本一致，纯烧建盏系列的黑釉瓷器，窑址数量不多，包括潘里垄、黄田等；第二层级主要集中在庆元北边的龙泉东区，南及庆元竹口镇（包括潘里垄 1 号窑址），北到武义一带，产品以青瓷为主，兼烧少量的黑釉瓷器，产品面貌与第一层级类似，主要是建窑系茶盏，胎釉特征、器形与建窑产品非常接近；第三层级则是更北、更西的金（华）衢（州）到杭州西边的临安一带，时代亦晚至南宋到元代，产品以青瓷、青白瓷或乳浊釉瓷器为主，兼烧少量的黑釉瓷器，器形以束口盏为主，总体上胎体较薄，釉层薄而釉色较浅，呈黑褐色或酱褐色等，有的在口沿上以一圈白釉作为装饰。

两宋时期与建窑密切相关但又极具自身特色，并且有巨大影响力的一个窑场是江西的吉州窑。

吉州窑位于吉安市吉安县永和镇，又称永和窑、东昌窑。其创烧于晚唐五代，发展于北宋，两宋之际繁盛，元末衰落。南宋时期，由于饮茶和斗茶之风盛行，吉州窑的黑釉瓷生产达到顶峰，吉安成为当时黑釉瓷的生产中心之一。吉州窑瓷器产品种类繁多，风格多样，器形有碗、盏、盏托、碟、钵、盆、罐、梅瓶、执壶、

图 17 吉州窑黑釉盏

炉、漏斗、扑满、粉盒、腰鼓等。吉州窑黑釉瓷器多重釉轻胎，胎质较粗松厚实，呈灰白或米黄色，含细砂粒。为了掩盖胎的不足，选择以丰富的釉面装饰取胜，如剪纸贴花、木叶纹、鹧鸪斑、玳瑁斑、虎皮纹、兔毫、剔花加彩、釉上彩绘等（图17），其中木叶纹和剪纸贴花最具特色，有浓厚的地方风格。

以建窑与吉州窑为代表，两宋之际的黑釉瓷器烧造业迎来了发展的高峰。

7 钧窑的出现与钧窑系青瓷

钧窑的釉属于窑变乳浊釉，也即分相釉，是唐代以来形成的重要瓷器装饰工艺。这种类型的产品在长沙窑、邛窑、鲁山段店窑、婺州窑等唐代窑址中均有发现，并且占有一定的比例，其釉色变化极大，有乳白、月白、紫红、深蓝、青黄等色，均呈失透状。而这种分相釉的兴盛，则是由宋金时期的钧窑及钧窑系窑场完成的。

宋金钧釉较大规模地烧出了具有较高化学稳定性的分相釉。钧釉分相釉的形成影响因素复杂，在烧造过程中较难掌握其形成条件，也难以掌握产品的外观，因此釉面形成多彩釉色的过程往往被称为"窑变"。这实际与先秦以来的窑变釉在技术上一脉相承。但宋金时期钧窑窑工经过不断实践与探索，技术上又有所创新，通过在釉料中添加氧化铜，利用窑炉的还原气氛，成功烧制出绚丽多彩的窑变釉。颇具神秘色彩的窑变，造就了钧窑瓷器游若流云的釉色和艳若彩霞的釉彩。宋金时期的钧窑完成了高级分相釉的大规模生产，无论技术水准还是艺术意境都达到了新的高度，对于我国陶瓷业的发展具有极为重要的意义。[7]

关于钧窑的始烧年代问题，学术界一直存在争议，许多学者否认宋代钧窑的存在，认为其主要是金元甚至元明时期生产。秦大树根据刘家门等窑址的发掘，认为钧窑是北宋末期兴起的以生产高档瓷器为主的窑场，部分产品仿制汝窑，生产的青釉、红釉瓷也极具特色，其在早期阶段有相当一段时间与天青釉汝瓷的生产是并行的，从而明确了宋代钧窑的存在[8]。对于此后发掘的禹州闵庄窑址，秦大树亦基本上沿袭了北宋末期的说法[9]。

7. 丁雨：《宋代钧窑的工艺创新》，《许昌学院学报》2010年第3期。

8. 秦大树：《钧窑始烧年代考》，《华夏考古》2004年第2期；秦大树：《钧窑三问——论钧窑研究中的几个问题》，《故宫博物院院刊》2002年第5期。

9. 秦大树等：《河南禹州闵庄钧窑遗址发掘取得重要成果》，《中国文物报》2012年3月2日第8版；秦大树等：《河南禹州闵庄钧窑遗址》，国家文物局主编《2011中国重要考古发现》，文物出版社，2012年。

钧窑兴起于两宋之际亦为目前学术界一说。南宋（金）时期，钧窑的影响力非常大，禹州、宝丰与汝州三县市的交界处是钧窑的核心分布区，包括禹州神垕、宝丰清凉寺以及禹州东沟等窑址，产品数量多、质量好、等级高，是钧窑窑业的中心。金（南宋）元时期，钧窑窑业技术向北、南两个方向传播，形成北至内蒙古、山西，南至浙江、福建、广东的庞大钧窑系青瓷分布区。

8 两宋之际各窑场器形、装饰与装烧工艺的广泛交流

两宋之际，除了一系列著名窑场纷纷兴起，各窑场之间的交流亦更加频繁，在器物种类、造型、装饰以及装烧工艺方面表现出高度的相似性。

定窑、湖田窑、越窑、龙泉窑、耀州窑等著名窑场的主要产品类型，如碗、盘、碟等均存在相似性：均新出现并流行直口深腹的盖碗（图18、19），都有敞口、浅折腹、平底、矮圈足的折腹盘，浅坦腹、小铜锣底的碟见于各大窑场。此外，炉（图20～23）、瓶类礼器与陈设用瓷均是代表各窑场工艺水平，质量上乘的产品。

装饰方面，无论是题材还是技法，除了建窑与吉州窑这类以黑釉产品为主的窑场，其他均存在诸多相似性。以越窑为例，装饰主要见于透明玻璃釉器物上，除了北宋以来传统的装饰题材，新出现各种粗刻花的卷草纹，包括萱草纹（图24）、莲荷纹以及菊瓣纹等，不仅满布盘类器物的内壁，还通体装饰于碗等器物的外壁，再加上新出现的云雷纹等几何形纹饰，几乎完全不见于传统的越窑装饰题材。而这些新纹饰，均为定窑、耀州窑、湖田窑、龙泉窑的常见纹饰。从两宋之际南宋政治形势及窑业整体格局来看，其以定窑为中心向南扩张的可能性更大。

图18 定窑盖碗

图19 越窑盖碗

图 20　定窑奁式炉

图 21　汝窑奁式炉

图 22　南宋官窑奁式炉

图 23　龙泉窑奁式炉

图 24 南宋早期越窑纹饰

装烧工艺方面，虽然形成了以 M 形匣钵为代表的浙江系和以漏斗形匣钵为代表的定窑与湖田窑系的不同技法，但在垫烧方式上，外底不施釉垫以泥饼是最主流的装烧方式，包括定窑、湖田窑、耀州窑以及建窑与吉州窑都是如此。南方地区越窑系青瓷系以满釉泥点（唐代）或垫圈（宋代）垫烧为主，北宋晚期代之而起的龙泉窑则迅速转向外底不施釉而以陶质垫饼垫烧，其窑业技术明显来自浙江以外的传统。除正烧器物外，定窑的芒口覆烧工艺亦在这一时期迅速向白瓷与青白瓷窑系产品普及，成为最主要的装烧方式之一。

9 小结

两宋（宋金）之际，政治风云变幻，南北窑业技术剧烈激荡、交融与创新，尤其以汝窑与定窑为代表的北方窑业技术迅速南下，渗透进包括湖田窑、越窑、龙泉窑在内的南方各大青瓷、青白瓷窑场，迸发出全新的生命力，窑业技术迅速提升，新的名品迭出，并由此奠定了各大窑场的基本窑业特色。始于秘色瓷、成熟于汝窑的全新官窑技术体系，在南宋时期完成了由北而南的"回归"，并由南宋官窑与龙泉窑推向了极致，中国传统制瓷业亦由此迎来了巅峰时刻。

除了北方窑业系统对南方地区的强大影响外，由于全新饮茶方式的兴起，以建窑为代表的全新黑釉技术体系迅速崛起，并向包括金政权统治的北方地区扩张，形成由南而北的席卷之势。

两宋之际，政治上的宋金对峙并没有隔断南北窑业技术的交流与发展，而正是这种开放、兼容并蓄的心态，共同造就了中国传统制瓷业的黄金时期。

　　文献中记载的南宋官窑窑址至少有两处，即郊坛下和修内司。郊坛下官窑在杭州市上城区玉皇山南面的乌龟山西麓，宋时因位于郊祭坛附近而得名，地望明确、产品面貌清晰。此外，在玉皇山东麓的老虎洞还发现一处宋元时期窑址，多数学者认为该窑址即文献记载中的修内司，但争议仍存。两窑相去不远，或可炉烟相望，均是为御用瓷器专设，是目前能确定的最早官窑遗址。

　　北宋晚期的河南汝窑一改越窑透明薄釉传统，用乳浊厚釉产品将中国的制瓷技术进一步推向了滋润如玉的新阶段。乳浊釉与黑胎技术结合，在南宋官窑不计成本的技术改进中发展到了极致，成品线条缓急各臻其妙。南宋官窑产品多光素无饰，薄胎厚釉恰到好处的配合，洗练出涵光沁绿的一泓青泉，仿佛翠透的颜色能闻得见香气，同时又俨然一片浑厚，有风骨、有意蕴。只有对线条控纵自如才能舍弃繁缛，这种意蕴丰富的质素与简洁，使装饰与实用结合得浑融自然，达到艺术创作之最高境界。

　　南宋官窑产品主要包括厚胎厚釉与薄胎厚釉两种，以黑胎或深灰胎为主，釉色粉青、米黄，釉色因胎色深而具有紫口铁足的特征。产品除少量日用器物外，主要是鼎式炉、鬲式炉、樽、簋、琮式瓶等陈设用瓷与礼仪用瓷，沉稳深厚的底色彰显了皇家的庄严敦谨。

　　老虎洞窑址产品主要为精工细作的黑胎厚釉类青瓷，其晚期产品与印有八思巴文的窑具共出，可确定为元代之物。老虎洞窑址很可能是传世哥窑的产地之一。

一
南
宋
官
窑

1

青瓷折沿瓶

南宋
1998～2001 年杭州南宋官窑老虎洞窑址 H3
出土
口径 7.1 厘米，足径 7.1 厘米，高 18.4 厘米

平口，折沿，长颈，圆折肩，腹稍鼓，下腹斜
收，暗圈足。黑胎。釉色青中泛灰，釉面有开
片。垫烧，圈足露胎处呈灰褐色。

南宋

1998～2001 年杭州南宋官窑老虎洞窑址 H2
出土

口径 5.7 厘米，足径 8 厘米，高 22.1 厘米

敞口，细长颈，溜肩，鼓腹略垂，圈足外撇。黑
胎，胎体坚致。施灰青色乳浊釉，颈部纹片较
密，腹部纹片较颈部略为舒朗。圈足露胎处呈褐
色，外底中部釉下刻 "亥" 字。

3

青瓷八棱瓶

南宋
1985~1986 年杭州南宋官窑郊坛下窑址出土
复原口径 6.5 厘米，腹径 12.5 厘米，足径 8
厘米，复原通高 21.8 厘米

口部、颈部参照传世品复原。颈至上腹部有三道
凸弦纹，扁鼓腹，圈足。黑胎，质地较细硬。米
黄色釉，釉面有细开片。圈足刮釉垫烧。

4

青瓷花口壶

南宋

1985～1986 年杭州南宋官窑郊坛下窑址出土

足径 9.7 厘米，残高 23.5 厘米

口沿残缺，花瓣形，斜沿外撇。束颈，溜肩，圆腹，圈足。肩部堆贴对称的铺首衔环。黑灰色厚胎。内外皆施釉，釉色灰青，开大裂纹，兼有细碎开片。

5

青瓷鬲式炉

南宋
1998～2001 年杭州南宋官窑老虎洞窑址 H1
出土
口径 15.1 厘米，腹径 16.5 厘米，高 10.3 厘米

宽沿平折，短直颈，扁圆腹，外底安三足。腹壁
至足饰有凸脊。肩部饰凹弦纹一周，腹部饰凹弦
纹两周。釉色偏粉青，釉层较厚，有流釉现象，
釉面有开片。垫烧，足底无釉呈铁黑色。

6

青瓷樽式炉

南宋

1998～2001 年杭州南宋官窑老虎洞窑址 H2 出土

口径 18.9 厘米，底径 17.6 厘米，高 12.2 厘米

圆唇，直口，筒形腹，平底，底部有三个兽蹄形足。外壁口部、近底部各以双线饰凸弦纹两道，外壁腹部以双线饰凸弦纹三道。施灰青色乳浊厚釉，釉色不匀，灰青泛黄，釉面无开片。裹足支烧，外底有五个支钉痕。

7

青瓷侈口盘

南宋

1998～2001 年杭州南宋官窑老虎洞窑址 H4
出土

口径 16.3 厘米，足径 6.9 厘米，高 3.5 厘米

侈口，浅腹弧收，圈足，足壁较直。外壁饰双
层仰莲，各八瓣，瓣脊凸起。黑灰，施灰青色
乳浊釉，薄胎厚釉，釉面有开片。垫烧，圈足
露胎处呈深灰色，隐现铁红色。

南宋

1998～2001 年杭州南宋官窑老虎洞窑址 H4
出土

口径 17.4 厘米，底径 19.2 厘米，高 8.4 厘米

子母口，浅盘，直壁。黑胎。施灰青色乳浊釉，
外壁一块裂纹呈鱼鳞状。足端露胎处呈紫灰色。

9

青瓷盏托

南宋

1998～2001 年杭州南宋官窑老虎洞窑址 H14 出土

口径 8.1 厘米，托径 14 厘米，足径 7 厘米，高 5.6 厘米

托圈尖唇，敛口，弧腹中空，下接圆盘形托盘，托下承高圈足，圈足外撇。黑胎。施灰青色乳浊釉，釉层薄，釉面有细开片。垫烧，足底露胎处呈褐色。

10

青瓷器盖

南宋

1985～1986 年杭州南宋官窑郊坛下窑址出土

口径 5 厘米，盖径 7.2 厘米，高 2.4 厘米

弧形盖，圆形纽，盖顶面较平，盖内有子口。黑胎。灰青色厚釉，釉面有光泽，通体开片。刮釉垫烧，子口端呈铁褐色。

11

青瓷炉

南宋

1985～1986年杭州南宋官窑郊坛下窑址出土

残长14.8厘米，宽9厘米，高4.5厘米

直沿，直壁上折成顶面，顶面贴乳丁象征莲芯。顶面中心有蹲兽形纽，已残，仅存爪和短尾。纽中空，为一大圆孔。浅灰色胎。米黄色釉，釉面有裂纹。器底一周无釉，内顶部有支钉痕。

12

青瓷盘

南宋

1988年杭州南宋官窑郊坛下窑址出土

残长8.5厘米，残宽7厘米

黑胎。厚釉，釉色青灰，釉面润泽。底部有支烧痕。

　　越窑是中国古代名窑之一，窑址主要分布于宁绍平原。其创烧于东汉，发展于唐代早中期，兴盛于唐代晚期至北宋早期，北宋晚期衰落，南宋因烧造宫廷用瓷而短暂兴盛后停烧，在三国西晋与唐代晚期至北宋早期形成两个大的发展高峰。

　　越窑是成熟青瓷的创烧者。早期越窑窑址主要集中在上虞的曹娥江流域，代表性窑场为小仙坛、大园坪等。三国西晋时期，越窑迎来了第一个辉煌时期，窑业规模庞大、产品种类丰富、造型复杂、装饰华丽、胎釉质量高超。唐宋时期，越窑的生产中心位于慈溪市上林湖地区，由上林湖、白洋湖、里杜湖、古银淀湖四片构成，窑址分布以上林湖最为密集，现共发现窑址150处左右。上林湖越窑代表了唐宋时期越窑发展的最高水平，其产品种类丰富，造型优美，釉层滋润如玉，尤其是晚唐五代时期至北宋初年吴越国在这里生产的秘色瓷产品，不仅是制瓷技术上的巨大突破，而且使"秘色瓷"成为唐以后历代高档青瓷的代名词，开创了一个全新的青瓷品类。

　　越窑青瓷同时也是文化交流的重要载体，三国西晋时期开始输出到朝鲜半岛，唐代晚期开始在东南亚、西亚乃至东非地区出现，北宋中期前后对外输出达到顶峰，是当时海上丝绸之路重要的输出商品。

二　越窯

13

青瓷瓶

南宋

PY22TG1 ② ： 156

2016 年浙江慈溪张家地窑址出土

足径 5.9 厘米，残高 13.7 厘米

粗颈，溜肩，鼓腹，圈足。乳浊薄釉，釉色天青泛灰。足端刮釉。圈足外壁有四个手指痕，露胎。上腹粘有花盆残片。

14

青瓷瓶

南宋

PY22TG1 ② ： 149

2016 年浙江慈溪张家地窑址出土

足径 8.4 厘米，残高 9.7 厘米

鼓腹，圈足。乳浊釉，外壁厚釉，天青色，滋润光泽，开冰裂纹；内壁薄釉，稍泛黄。足端刮釉。

15

青瓷纸槌瓶

南宋

PY22TG1 ② ：70

2016 年浙江慈溪张家地窑址出土

口径 5.4 厘米，足径 7 厘米，高 17.6 厘米

盘口，折沿，长颈，颈部上细下粗，折肩，直腹
斜向下收，卧足。通体施青灰透明玻璃釉。外底
有一周泥条痕。

16

青瓷牡丹纹瓶

南宋

PY22TG1 ② ：104

2016 年浙江慈溪张家地窑址出土

足径 10.4 厘米，残高 18.8 厘米

深弧腹，矮圈足。腹部刻划牡丹纹，下腹近圈足处刻划双层莲瓣纹，斜出刀勾勒轮廓，篦纹填充叶脉。器形硕大，胎体厚重。施青灰釉。足端刮釉，有一周泥条痕。

17

青瓷觚

南宋

PY22TG1 ② ：217

2016 年浙江慈溪张家地窑址出土

足径 9.5 厘米，残高 18.4 厘米

喇叭口残。长颈，直腹，高圈足。腹部及圈足饰四条扉棱。乳浊厚釉，釉色天青泛灰。足端刮釉。

18

青瓷罐

南宋
PY22TG1 ② : 174
2016 年浙江慈溪张家地窑址出土
口径 11.5 厘米，残高 9.1 厘米

卷唇，直口，高领，上腹较鼓，下腹斜收，卧足。乳浊釉较厚，天青色，口缘刮釉。

19

青瓷花盆

南宋
PY22TG1 ② : 215
2016 年浙江慈溪张家地窑址出土
口径 14.8 厘米，足径 6.8 厘米，高 11.5 厘米

敞口外翻，高领，鼓腹，圈足。底部镂一小圆孔。口沿处堆贴一周花边纹，腹部饰两道凸弦纹。乳浊厚釉，釉色天青。足端刮釉，内底有一周泥条痕。

青瓷圈足洗

南宋
PY22Y1：1
2016 年浙江慈溪张家地窑址出土
口径 16 厘米，足径 9.8 厘米，高 4.3 厘米

侈口，弧腹，平底，圈足外撇。胎呈灰色。乳浊
釉较厚，天青色。外底有一周支钉支烧痕。

南宋

PY22TG1 ② ：138

2016 年浙江慈溪张家地窑址出土

口径 10.2 厘米，足径 4.8 厘米，高 6 厘米

直口，深腹，圈足。外壁斜刀刻莲瓣纹。乳浊薄
釉，釉色天青。口缘和足端刮釉。

青瓷兰草纹盖碗

南宋

PY22TG1 ② ： 4

2016 年浙江慈溪张家地窑址出土

口径 13.8 厘米，足径 6.4 厘米，高 8.7 厘米

直口，深腹，圈足。腹部刻划兰草纹。釉色青黄，无光泽。口缘、足端刮釉，内底和足端有一周叠烧的泥条痕。

23

青瓷兰草纹盖碗

南宋

PY22TG1 ② ： 7

2016 年浙江慈溪张家地窑址出土

口径 12.9 厘米，足径 6.6 厘米，高 9.8 厘米

直口，深腹，圈足。腹部刻划兰草纹。釉色青黄，有缩釉现象。器表有轮制痕，内粘两件叠烧的碗。

24

青瓷盘

南宋

PY22TG1 ② : 128

2016 年浙江慈溪张家地窑址出土

口径 17.3 厘米，足径 11.2 厘米，高 5.5 厘米

敞口，斜弧腹，大平底，矮圈足。外壁刻粗凸莲
瓣纹。乳浊厚釉，天青色。外底有支钉支烧痕。

25

青瓷缠枝莲花纹盘

南宋

PY22TG1 ② : 173

2016 年浙江慈溪张家地窑址出土

足径 5.4 厘米，残高 2.5 厘米

整体略有变形。敞口，折腹，大平底，矮圈足。
内壁刻划缠枝莲花纹，斜刀勾勒轮廓，篦纹填充
叶脉。釉色青黄。外底有一周垫烧的泥条痕。制
作精细。

青瓷碟

南宋

PY22TG1 ② ：132

2016 年浙江慈溪张家地窑址出土

口径 12.2 厘米，足径 4.9 厘米，通高 7 厘米

敞口，浅弧腹，大平底，卧足。乳浊薄釉，釉色
天青，开冰裂纹。外底粘有垫圈。

27

青瓷器盖

南宋

Y13 ：21

2010 年浙江慈溪低岭头窑址出土

口径 7.7 厘米，高 2.8 厘米

子口，面微弧，面顶部置一纽。乳浊薄釉，
灰青色。口沿露胎。

28

青瓷菊瓣纹器盖

南宋
PY22TG1 ② ：89
2016 年浙江慈溪张家地窑址出土
口径 16 厘米，高 6.9 厘米

子口，盖面鼓起，似穹隆顶，宽沿。圆环形纽，
内镂一圆孔。盖面斜刀刻菊瓣纹。釉色青灰。子
口端刮釉。

29

青瓷水盂

南宋
PY22TG1 ② ：247
2016 年浙江慈溪张家地窑址出土
口径 6.8 厘米，足径 5.2 厘米，高 7.2 厘米

直口，圆鼓腹，矮圈足。乳浊薄釉，釉色天青。
口沿刮釉，外底露胎。

青瓷鸟食罐

南宋

Y13 ： 45

2010 年浙江慈溪低岭头窑址出土

口径 1.1 厘米，底径 1.2 厘米，高 2.4 厘米

小敛口，球形腹，腹部有一环形系，平底内凹。乳浊薄釉，灰青色，施釉不及底。器身肩部、腹部多处粘连窑渣。

31

支钉

南宋

Y13 ① : 76

2010 年浙江慈溪低岭头窑址出土

口径 5.8 厘米，底径 6.8 厘米，高 5.4 厘米

锯齿状支钉，系在垫圈上切割而成，稍矮，底部微微外撇，有五个支钉。胎质为夹砂耐火土。

32

支钉

南宋

Y13 ① : 94

2010 年浙江慈溪低岭头窑址出土

口径 5.6 厘米，底径 7.6 厘米，高 6.5 厘米

锯齿状支钉，系在垫圈上切割而成，束腰形，较高，有五个支钉。胎质为夹砂耐火土。

33

支钉

南宋

Y13 ① : 77

2010 年浙江慈溪低岭头窑址出土

口径 5.4 厘米，底径 4.8 厘米，高 7 厘米

锯齿状支钉，系在垫圈上切割而成，直筒，较高，有五个支钉。胎质为夹砂耐火土。

34

T
形
具

南宋

PY22TG1 ②：268

2016 年浙江慈溪张家地窑址出土

面径 22 厘米，底径 10.1 厘米，通高 12.5 厘米

两个叠烧粘连的 T 形具。单件顶面平直，呈圆饼
形，下部内收成筒形，中空。胎色灰白，夹砂。
是专门装烧鸟食罐的窑具。

35

支烧具

南宋

PY22TG1 ② ： 275

2016 年浙江慈溪张家地窑址出土

面径 6.4 厘米，底径 5.3 厘米，高 11.2 厘米

筒形。顶平面，中空。胎色灰白，夹砂，胎质粗糙。放置于窑底，上承匣钵或器物。

36

匣钵

南宋

PY22TG1 ② ： 261

2016 年浙江慈溪张家地窑址出土

口径 11.9 厘米，底径 5.2 厘米，高 4.9 厘米

直口，弧腹，平底。胎色灰白，夹砂。器形较小，器物粗糙厚重，内底粘有一件垫圈。

37

匣钵接圈

南宋

PY22TG1 ② ： 265

2016 年浙江慈溪张家地窑址出土

面径 15.5 厘米，底径 15.8 厘米，高 2.5 厘米

圆平面，中空。胎色灰白，夹砂，胎质较粗糙。

龙泉窑创烧于北宋，兴盛于南宋至元，延续至明代中晚期，是文化内涵庞杂、生产地域广阔、规模十分庞大的青瓷窑业系统，也是中国历代青瓷工艺技术发展的集大成者，在中国陶瓷史上占有极其重要的地位。

　　龙泉窑主要分布于浙江境内的瓯江流域，主体遗存和瓷业生产中心位于瓯江上游的龙泉市，可分为南区、东区两片窑址群，现存窑址 300 多处。其中南区为核心区，以大窑、金村、溪口、石隆产品质量最高；东区紧水滩水库一带的窑址虽然规模十分庞大，但时代较晚、质量较差，产品与外销紧密相关。

　　龙泉地区的窑业最早出现于唐至五代时期，但生产规模极小且序列不完整，北宋中期以后开始在金村地区形成规模化生产，两宋之际形成自己的风格，南宋晚期至元代早期迎来发展的鼎盛时期，明中期以后式微。龙泉窑于宋代开创的粉青、梅子青厚釉青瓷，以失透如玉的效果在宋代瓷器中独树一帜，形成了独特的风格，并由此进入宋代名窑的行列。产品除碗、盘类日用器外，还有不少仿青铜器的造型。鼎盛时期的龙泉窑审美与南宋官窑相同，以造型与釉色取胜，而元明时期的龙泉窑装饰增多，以刻划花、印花、瓷塑、露胎和褐彩等为特色。清代龙泉窑虽仍有生产，但产品面貌发生巨变。民国时期，民间艺人开始探索恢复传统的龙泉青瓷技艺。20 世纪 50 年代，在国家的大力支持下，龙泉窑成为新中国成立后第一批得到恢复生产的古代名窑。

　　龙泉窑青瓷与宫廷用瓷有密切的联系，早在北宋晚期形成自身风格之际，即通过"制样须索"的途径承担高质量宫廷用瓷的生产，南宋至元代早期达到顶峰，并一直延续到明代早期。宋元时期的此类高质量青瓷产品可分成白胎与黑胎两大类型，其中黑胎产品大多造型轻巧、端庄，礼器或陈设瓷占相当比例，釉面多开片而釉色、片纹各异，与南宋官窑有密切联系。根据紫口铁足、普遍开various片纹等特征，龙泉黑胎青瓷很可能就是明清文献记载的宋代哥窑。

　　龙泉窑作为我国最后形成的庞大青瓷窑场，对中国制瓷业发展以及中外文化交流等产生了重要影响。元明时期，龙泉窑的制瓷技术呈放射状向外传播，除周边的丽水、金华、衢州、温州等许多县市均有生产外，还远及福建、江西、两广以及东南亚甚至西亚一带，形成庞大的龙泉窑系。此外，龙泉窑的产品影响范围极广，不仅在国内有广泛的分布，而且大量远销日本、韩国以及东南亚、南亚、西亚、东非地区的诸多国家，是中外文化交流的重要载体。

三　龙泉窑

青瓷胆瓶

南宋
龙泉市博物馆藏
残高 13.1 厘米

形若悬胆。溜肩，垂腹，矮圈足。足端圆润。通体素面。灰胎，胎质粗疏。釉色青绿，釉层较薄，有细密开片，釉面玻璃质感略强。底足不施釉。

青瓷长颈瓶

南宋
龙泉市博物馆藏
残高 10.4 厘米

长颈，圆鼓腹，矮圈足。足端细窄。通体素面。
灰胎，胎质细腻。满釉，釉色青绿偏深，釉层肥
厚，略有开片，釉面匀净光洁。足端刮釉。

40

黑胎青瓷白菜瓶

南宋
龙泉市博物馆藏
残高 2.4 厘米

仅余部分底足及下腹部，呈瓜棱状。弧腹，菱形足微外撇。深灰胎，坚致细腻，底足处胎色泛黑。通体素面。满釉，釉色粉青，厚釉，釉层开片明显，断裂处尖锐呈片状，釉面莹润略有玻璃质感。足端刮釉，刮釉痕迹平整。

41

青瓷鱼耳瓶

南宋
龙泉市博物馆藏
残高 3.8 厘米

盘口，口沿处变形，长颈，颈两侧有对称模制鱼耳。通体无纹，唇外缘薄釉处凸起一道白边，鱼鳞纹于釉层之间若隐若现。灰胎，胎质致密。通体施釉，釉层肥厚，呈青绿色。

42

青瓷壶

北宋
龙泉市博物馆藏
残高 13 厘米

鼓腹，窄圈足。足径宽大，挖足较浅，足外墙略
有外撇，足内墙有斜削痕迹，内底边缘旋削一
圈。腹外壁饰纵向弦纹组合七道，形成屏风式装
饰布局。灰胎，胎质较细。淡青色釉，釉层较
薄，有细密开片。外底不施釉并留有垫圈痕迹。

青瓷三足炉

南宋
龙泉市博物馆藏
高 6.9 厘米

失耳。方唇，直口微侈，弧腹，下腹微鼓，器底
安三足，整体微有外撇。口端见一立耳痕迹，足
身中空呈管状。素面无纹。灰胎，胎质细腻。釉
层青绿泛灰，釉面有开片现象，玻璃质感明显。
器底三足内不施釉，见一圆形露胎区域。

南宋
龙泉市博物馆藏
高 11 厘米

窄平沿，短颈，扁圆腹，下连三足。底足短小圆
润，转折处出脊，延伸至近足端处。通体无纹，
出脊处因釉层较薄而显胎色，有白色出筋效果。
灰白胎，胎质细腻。釉色不均，整体呈青绿色，
局部泛黄，釉层较厚而呈乳浊质感。

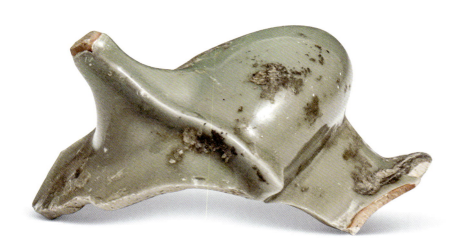

45

青瓷碗

北宋
龙泉市博物馆藏
高 6 厘米

敞口，斜弧腹，窄圈足。足外墙低矮平直，挖足
较浅。内底心饰弦纹一圈。灰白胎，胎质细腻。
釉色青黄，釉层薄而不均，有缩釉现象。外底不
施釉。

46

青瓷碗

北宋
龙泉市博物馆藏
高 6.9 厘米

敞口，弧腹，窄圈足。足径宽大，挖足较深。腹
外壁饰折扇纹，内底心及内壁靠近口沿处各划有
弦纹一圈。灰白胎，胎质略为粗疏，夹有细小砂
粒并见细小孔隙。淡青釉，釉层薄而不均。外底
不施釉。

47

青瓷刻花碗

北宋
龙泉市博物馆藏
残高 6 厘米

口沿均残。斜弧腹，窄圈足。挖足较浅。内底心饰弦纹一圈，弦纹内见回旋形涡状纹样；腹内壁刻划多道变体花卉纹，线条之间密布篦点；腹外壁饰折扇纹。灰胎，胎质较细。釉色青黄，釉层薄，有细密开片，釉面略有玻璃质感。外底不施釉。

48

青瓷刻花碗

南宋早期（两宋之际）
龙泉市博物馆藏
高 8 厘米

侈口，弧腹，窄圈足。足外墙有斜削痕迹，挖足较浅。内底心饰弦纹一圈，弦纹内饰变体花卉与篦划的组合纹样；腹内壁饰荷花、荷叶的变体纹样，线条之间填刻篦划纹。灰白胎，胎质细腻。釉色青黄，釉层较薄，釉面略有玻璃质感。外底不施釉。

49

青瓷「河滨遗范」碗

南宋
龙泉市博物馆藏
残高 4.9 厘米

深弧腹，圈足较厚。挖足较浅，足外墙有斜削痕迹。内底心饰弦纹一圈，圈内中央印有"河滨遗范"四字印章式纹样，内壁见三道出筋装饰。深灰胎，胎质细腻。釉色青绿偏灰，釉层薄。外底不施釉。

50

青瓷莲瓣纹碗

南宋
龙泉市博物馆藏
高 5.2 厘米

尖唇，敞口，斜弧腹，小圈足。足外墙斜收，内
底中央有尖状凸起。腹外壁饰莲瓣纹一周，莲瓣
形态尖窄，呈浮雕质感。灰胎，胎质较粗。通体
施厚釉，釉色青绿，釉面匀净光洁。足端刮釉，
刮釉痕迹不平整。

51

青瓷小碗

南宋

龙泉市博物馆藏

口径 10.3 厘米，足径 3.8 厘米，高 4.4 厘米

圆唇，敞口，弧腹，窄圈足。足外墙略有内收，挖足较浅。素面无纹。釉色青绿泛灰，釉层略厚，开片现象明显，玻璃质感强烈，内底处积釉明显。外底心不施釉，留有泥饼填烧痕迹。

青瓷莲瓣纹盘

南宋
龙泉市博物馆藏
高 3.4 厘米

尖唇，敞口，斜弧腹，内底平坦，圈足。足径较
小，足端细窄。外壁装饰莲瓣纹一周，莲瓣形态
尖窄，整体纹样模糊。浅灰胎，胎质较粗疏，见
少数微小孔隙及杂质。满釉，釉色青绿，厚釉，
釉面莹润呈乳浊质感。足端刮釉。

青瓷莲瓣纹盘

南宋
龙泉市博物馆藏
高 3.3 厘米

敞口，斜弧腹，厚圈足较矮。挖足浅。外壁刻划
莲瓣纹，莲瓣瓣脊凸出，呈浮雕质感。灰胎。釉
色青绿，釉面乳浊匀净。外底不施釉，露胎处呈
酱黄色。

54

黑胎青瓷盘

南宋
龙泉市博物馆藏
残高 2.1 厘米

平底，矮窄圈足。挖足较深，足内外墙高度齐平而整体略有内收，足端细窄。内壁素面，外壁饰莲瓣纹。黑胎，胎质细腻。通体施厚釉，断面处见多次施釉痕迹，釉色青灰，釉面乳浊，略有生烧迹象。足端刮釉，露胎处略有泛红，状似铁锈。

55

黑胎青瓷盘

南宋
龙泉市博物馆藏
残高 1.9 厘米

平折沿，沿外廓呈八角形，浅坦折腹。黑胎，胎质坚硬细腻，断面露胎处胎色泛红，状似铁锈。釉色深青较薄，釉层开片细密而色泽浅白，釉面略有玻璃质感。

南宋早期
龙泉市博物馆藏
高 3.4 厘米

圆唇，敞口，浅折腹，腹壁斜直，内底平坦，外
底小平。内底心划有变体莲纹，其间填刻多道篦
纹。灰胎，胎质细腻。釉色青黄，釉层较薄，有
缩釉、开片现象。平底不施釉。

57

黑
胎
青
瓷
折
沿
洗

南宋
龙泉市博物馆藏
高 5.4 厘米

圆唇，平折沿，深腹，内底平坦，浅圈足。足径
阔大，足端细窄。深灰胎，坚致细腻，靠近底足
处略有泛红。满釉，釉色青绿泛白，釉层较厚而
开片明显，破碎处见多次施釉痕迹，釉面呈乳浊
质感。足端刮釉，刮釉痕迹平整。

58

青瓷折沿洗

南宋
龙泉市博物馆藏
高 4.8 厘米

圆唇，敞口，斜直壁，深腹，内底平坦，圈足。
挖足较深，足内外墙均有斜削痕迹，足端圆润。
通体素面。灰胎，胎质较细，足端胎色泛红。满
釉，施釉较薄，釉面匀净光洁，呈深青色。足端
刮釉。

59

青瓷折沿洗

南宋
龙泉市博物馆藏
高 4.5 厘米

圆唇，敞口，斜直壁，深腹，内底平坦，圈足。
足外墙内收，足端细窄。通体素面。灰胎，胎质
略粗，见细小杂质间夹其中，足端露胎处泛红。
满釉，施釉较厚，釉色青绿，釉层呈乳浊状，略
有开片。足端刮釉。

60

青瓷盏

北宋
龙泉市博物馆藏
高 4.2 厘米

敞口，弧腹，窄圈足。足外墙较高而挖足较深，
足端平直。内底饰弦纹一圈，其余部位未见装
饰。灰白胎，胎质细腻。薄釉，釉色青绿，釉层
间隐约可见细小的灰色杂质。外底不施釉。腹外
壁拉坯痕迹明显。

61

青瓷束口盏

南宋
龙泉市博物馆藏
高 6.7 厘米

尖唇，束口，斜弧腹，小圈足。挖足较浅，足端
平直。通体无纹。灰白胎，胎质较细，夹有细小
杂质。釉色青绿，釉层较厚，略有开片。

62

青瓷器盖

南宋早期
龙泉市博物馆藏
口径 13.5 厘米，高 5.4 厘米

弧顶圆隆，带纽，平沿，子口。盖面近纽处及口
沿处各饰弦纹一圈。灰白胎，胎质较细。釉色青
泛黄，釉层薄，有开片现象。盖内心中央部分露
胎不施釉。

青瓷器盖

南宋
龙泉市博物馆藏
口径 7.2 厘米，高 2.5 厘米

弧顶微平，附圆形小纽，窄平沿，子口，口端尖窄。盖面刻划平展的莲瓣纹。灰白胎，胎质细腻。乳浊薄釉，釉色青绿，釉面匀净。盖内沿及口端不施釉，未施釉处胎色泛红。

　　汝窑是宋代名窑之一，也是宋代最重要的宫廷用瓷烧造地之一。目前与汝窑相关的窑址有两处，分别是宝丰清凉寺窑址与汝州张公巷窑址。

　　汝窑产品以失透的天青色乳浊釉最具特征，其一改越窑、耀州窑青瓷的透明玻璃釉，釉面更具玉质感，从而将青瓷烧造技术推向了一个全新的高度。汝窑产品主要是花盆、花瓶等陈设用瓷和炉、簋、樽等礼仪用瓷，造型端庄大方，体现了宫廷用瓷的高贵典雅。装烧方面使用泥点痕极小的支钉垫烧，最大程度确保了釉面的完整性。

　　汝窑的烧造集中在北宋晚期的宋徽宗时期，持续时间不长，但其窑业技术在北宋灭亡后传给了南宋越窑、龙泉窑与南宋官窑，龙泉窑与南宋官窑将此种滋润如玉的乳浊釉推向极致，开创了一个大汝窑时代。

四
汝窑

青瓷梅瓶

北宋
河南宝丰清凉寺窑址出土
口径 7 厘米，足径 9.8 厘米，高 39.6 厘米

小盘口，束颈，圆肩，上腹圆鼓，下腹斜弧，小
圈足。釉色天青，釉面莹润匀净，局部有开片
纹。足端刮釉，垫烧。

65

青瓷盘口龙纹瓶

北宋

河南宝丰清凉寺窑址出土

口径 10 厘米，足径 9.3 厘米，高 30.4 厘米

敞口较大，颈较长，圆鼓肩，斜弧腹，卧圈足略外撇。腹壁剔刻云龙纹，龙身作腾云之势，仰首，口喷火球。釉色天青，釉面匀净，有细碎小开片。足端刮釉，垫烧。

青瓷盘口折肩瓶

北宋
河南宝丰清凉寺窑址出土
口径 8.8 厘米，底径 8.8 厘米，高 23.6 厘米

浅盘口，长颈，折肩，筒形深腹，平底。通体施
天青釉，釉面匀净且有稀疏细小开片。底部留有
五枚芝麻钉痕，支钉支烧。

67

青瓷长颈鼓腹瓶

北宋

河南宝丰清凉寺窑址出土

口径 5.4 厘米，肩径 6.4 厘米，高 20 厘米

喇叭口，细长颈，球形腹，圈足外撇。釉色天
青，釉面均匀莹润且有开片，开片细小繁密且深
浅叠错。足端刮釉，垫烧。

青瓷双系方壶

北宋
河南宝丰清凉寺窑址出土
边长 5.3 厘米，足边长 8 厘米，高 16.4 厘米

方形唇口，长颈，四棱形鼓腹，方足微撇。腹部两侧分别装饰一对系，系上装饰两道凹弦纹。釉色青绿泛灰，釉面匀净。底部四角有四枚芝麻钉痕，支钉支烧。

69

青瓷椭圆形水仙盆

北宋

河南宝丰清凉寺窑址出土

口长径 26 厘米、短径 18.4 厘米, 底长径
22.5 厘米、短径 14.8 厘米, 高 7.6 厘米

体型较大, 椭圆形。敞口, 斜直腹, 大平底, 底
附四足。通体施青釉, 釉面有较多细小棕眼, 外
底釉面有稀疏开片。底部留有六枚芝麻粒钉痕,
支钉支烧。

70

鸳
鸯
纽
莲
瓣
纹
青
瓷
熏
炉
一
组

北宋

河南宝丰清凉寺窑址出土

莲瓣纹熏炉座口径 14.8 厘米，底径 16.6 厘
米，高 14.7 厘米

鸳鸯纽熏炉盖口径 14.7 厘米、高 2.6 厘米，
鸳鸯身长 22 厘米、宽 8 厘米，器盖通高 15
厘米

鸳鸯纽，莲子盖，莲花炉身，莲瓣纹覆盆形器
座。鸳鸯俯卧于莲子盖面。炉腹部贴塑三层仰
莲，莲纹表面饰有乳丁状花蕊，连接炉身与器座
的圆柱上贴塑十字杵造型，器座模印三层覆莲。
釉色天青，釉面均匀莹润。分段模制，垫烧。

078　**片羽吉光**　两宋之际代表性窑址出土瓷器

青瓷莲瓣纹荷叶母口座熏炉

北宋

河南宝丰清凉寺窑址出土

口径 15 厘米，底径 16 厘米，高 13.8 厘米

母口，莲花炉身，莲叶底座，炉身与底座以一矮圆柱相接。腹部贴塑三层仰莲，莲瓣上装饰乳丁状花蕊，矮圆柱表面贴塑十字杵造型装饰。莲叶底座经络分明，叶边向上翻卷。釉色天青，釉面匀净。分段模制，垫烧。

北宋

河南宝丰清凉寺窑址出土

口径 12.2 厘米，足径 10 厘米，高 8.6 厘米

敞口，弧腹，下腹内收，卧足。外壁刻划三重波
浪海水纹。胎色灰白。通体施天青釉，釉面有
少量细密开片。底部留有五枚芝麻钉痕，支钉
支烧。

73

青瓷温碗

北宋

河南宝丰清凉寺窑址出土

口径 15.4 厘米，足径 8 厘米，高 10.2 厘米

十瓣莲荷形敞口，瓜棱腹，高圈足。釉色青绿，
釉面匀净，口沿处有细密开片纹。足端刮釉，
垫烧。

青瓷敞口碗

北宋
河南宝丰清凉寺窑址出土
口径 14.7 厘米, 足径 8.2 厘米, 高 12.1 厘米

敞口, 腹部略深弧, 下腹折收, 圈足外撇。外壁
装饰双线三重仰莲纹, 莲瓣中心有凸棱, 图案清
晰, 线条流畅。通体施青釉, 釉层薄且均匀, 釉
面玻璃质感较强。足端刮釉, 垫烧。

75

青瓷侈口碗

北宋
河南宝丰清凉寺窑址出土
口径 16.8 厘米，足径 7.4 厘米，高 6.8 厘米

侈口，深弧腹，矮圈足微撇。胎色灰白。釉色天
青，釉面有细小繁密的开片。底部留有五枚芝麻
钉痕，支钉支烧。

76

青瓷圈足盘

北宋
河南宝丰清凉寺窑址出土
口径 15 厘米，足径 10.9 厘米，高 3.6 厘米

敞口，浅斜腹，圈足低矮微撇。通体施青釉，釉
面匀净。支钉支烧。

77

青瓷洗

北宋

河南宝丰清凉寺窑址出土

口径 15.2 厘米，底径 12.8 厘米，高 5 厘米，

直口、短直腹略弧，大平底。釉色天青，通体布满
密集棕眼。底部留有五枚芝麻钉痕，支钉支烧。

78

圈足弧腹洗

北宋

河南宝丰清凉寺窑址出土

口径 17 厘米，足径 9 厘米，高 3.5 厘米

侈口，浅弧腹，矮圈足外撇。通体施青釉，局部
有细密开片。底部留有五枚芝麻钉痕，支钉支烧。

青瓷三足洗

北宋
河南宝丰清凉寺窑址出土
口径 13 厘米，底径 13.2 厘米，高 3.4 厘米

直口，直腹，浅盘身，平底，三足。通体施釉，
釉色天青，釉层莹润均匀。底部留有五枚似芝麻
粒钉痕，支钉支烧。

青瓷莲瓣纹盏托

北宋

河南宝丰清凉寺窑址出土

口径 6 厘米，托径 17 厘米，足径 12.3 厘米，
高 4.3 厘米

上部为矮托柱，柱顶面向下平凹；中部为宽沿托
盘；底部为高圈足，足端略外撇。托柱顶面残存
若干凹点莲子纹，侧面刻有精美双重双线莲纹，
并以篦划纹装饰莲叶经络。釉色青绿，釉层薄且
均匀，釉面玻璃质感较强，有开片。底部刮釉，
垫饼垫烧。

81

青瓷葵花形茶盏托

北宋

河南宝丰清凉寺窑址出土

口径 7.3 厘米，托径 16.4 厘米，足径 7.2 厘米，
通高 6.8 厘米

上部小敛口盏形；中部五瓣葵花形托盘，沿微上翘；圈足，足端微撇。葵花瓣外轮廓刻划清晰，花瓣相互叠压围绕一圈。釉色青绿，釉层薄且均匀，圈足底部及盘与足衔接处有积釉、凝釉现象，口沿处有少量细小开片。底部刮釉，垫饼垫烧。

青瓷套盒

北宋

河南宝丰清凉寺窑址出土

口径 17.2 厘米，底径 19.2 厘米，高 7.2 厘米

六方花瓣形。顶略内凹，直腹。通体施天青釉，
釉面乳浊且有细的稀疏大开片。

83

青瓷龙纹盒

北宋

河南宝丰清凉寺窑址出土

口径 19.3 厘米，足径 16 厘米，通高 13.6 厘米

盒盖和盒身以子母口相扣，盖顶面略弧，盒身上腹较直，下腹急收，平底，圈足外撇。盖顶中部装饰三爪龙纹，龙身团绕，龙鳞清晰，外圈饰凹弦纹两圈。釉色青绿，釉层较薄，釉面多冰裂纹，细小繁密且深浅叠错。底部残留三枚圆钉痕，支钉支烧。

张公巷窑址位于汝州市区东南部的中大街与张公巷交汇处，于2000 年被发现，面积约 3600 平方米。2000 年至 2004 年进行了第一阶段有计划的多次考古发掘，2017 年至今进行了第二阶段持续性的考古发掘，出土了一大批高质量的瓷器与丰富的窑具。

　　张公巷窑址的产品除碗、盘、碟类日用器外，亦有盏托、四方套盒、圈足盆、平底洗、圈足壶、折肩瓶、鹅颈鼓腹瓶、熏炉、枕等二十余个品种。胎釉质量极高，薄胎薄釉，釉色呈天青色，釉面莹润，普遍较清凉寺窑址天青色釉器物玻璃质感略强。装烧方式包括支钉与垫饼两种。其窑业技术与清凉寺窑址有密切关系。

　　许多学者认为张公巷窑址即为文献记载的北宋官窑，时代在北宋末期；亦有学者认为其时代为金代。

五　张公巷窑

青瓷盘口瓶

宋金

T4H101 ： 40

河南汝州张公巷窑址出土

现藏于河南省文物考古研究院

口径 8.2 厘米，底径 8.9 厘米，高 22.1 厘米

三级文物。盘口，长颈，折肩，桶形腹，平底。
通体施青釉，釉层匀净，有少量细碎开片。

85

青瓷深腹碗

宋金

T3 ⑥：171

河南汝州张公巷窑址出土

口径 16.5 厘米，足径 8.3 厘米，高 8.4 厘米

敞口，斜直腹较深，下腹略折收与圈足相连，圈足短直。通体施青釉，釉色浅淡，釉面匀净，玻璃质感较强，布满密集开片。底部残存六枚小圆点钉痕，支钉支烧。

86

青瓷盖碗

宋金

T4H101 ： 85

河南汝州张公巷窑址出土

口径 16.7 厘米，足径 4.1 厘米，高 5.8 厘米

直口，上腹较直，下腹弧收，小圈足。通体施
釉，釉色泛黄，釉面匀净，布满细碎开片。

87

青瓷斗笠碗

宋金

T4H88 ： 17

河南汝州张公巷窑址出土

口径 16.5 厘米，足径 8.6 厘米，高 8.1 厘米

敞口，斜直腹，矮圈足。通体施青釉，釉色浅
淡，釉面匀净，玻璃质感较强，布满密集开片。

88

青瓷盘

宋金

T4H101 ： 35

河南汝州张公巷窑址出土

口径 17.4 厘米，底径 15.2 厘米，高 2.5 厘米

宽沿作八瓣花口形，八瓣瓜棱腹，平底。通体施
青釉，釉层匀净，玻璃质感较强，底部有少许鱼
鳞纹开片。底部残存六枚小圆点钉痕，支钉支烧。

89

青瓷盘

宋金

T4H88 ： 23

河南汝州张公巷窑址出土

口径 11.1 ~ 13.5 厘米，足径 5.8 厘米，高 2.7 厘米

近圆形。敞口，斜腹，短圈足微撇。通体施青釉，釉色浅淡，釉面匀净，玻璃质感较强，布满密集开片。

90

青瓷洗

宋金

T3⑥：118

河南汝州张公巷窑址出土

口长径 13.5 厘米、短径 11.3 厘米，足径 5.9 厘米，高 3 厘米

近椭圆形。敞口，浅弧腹，平底，圈足，足端微外撇。通体施青釉，釉层匀净，玻璃质感较强，釉面有条状细碎开片，圈足见有少许缩釉现象。底部残存三枚小圆点钉痕，支钉支烧。

91

青瓷折腹盘

宋金

T3⑥：66

河南汝州张公巷窑址出土

口径 18 厘米，足径 6.1 厘米，高 3.6 厘米

敞口，腹部斜直略内弧，腹底内折至圈足，小圈足。通体施青釉，釉色浅淡，釉面匀净，玻璃质感较强，布满细长条形碎片。

92

青瓷四方平底盘

宋金

T3103 ： 42

河南汝州张公巷窑址出土

口边长 8.8 厘米，底边长 7.4 厘米，高 2.1 厘米

近方形。窄平沿内弧，浅弧腹，大平底。通体施青釉，内壁釉色泛黄，外壁釉色匀净。底部四角有四枚小圆点支钉痕，支钉支烧。

宋金

T4H101 ： 34

河南汝州张公巷窑址出土

托径 16.5 厘米，底径 13.4 厘米

宽平沿，外沿有凸棱一周，盘中心凸起一圆环，
环沿无釉微外撇，平底。通体施青釉，釉层匀
净，有少量细碎开片。

94

青瓷器盖

宋金

T3 ⑥：55

河南汝州张公巷窑址出土

盖径 13.7 厘米，高 3.5 厘米

子口，盖沿斜直，盖顶隆起，中央置一象鼻纽。釉色天青，釉面匀净，玻璃质感较强，有少量缩釉点。

95

青瓷器盖

宋金

T3 ⑥：57

河南汝州张公巷窑址出土

盖径 13.7 厘米，高 3.4 厘米

盖沿斜直，盖顶隆起，中央置一象鼻纽，子口。通体施青釉，釉色浅淡，釉面匀净，玻璃质感强。

定窑的主要产地在今河北省保定市曲阳县的涧磁村、野北村及东燕川村、西燕川村一带，因该地区唐宋时期属定州管辖而得名。其创烧于隋唐，发展于五代与北宋早期，极盛于北宋晚期至金代早期，终于元。定窑产品以白瓷著称，兼烧黑釉、酱釉和绿釉瓷，在文献中分别被称为"黑定""紫定""绿定"。鼎盛时期的宋金定窑产品，胎质洁白细腻，白釉匀净，釉面莹润，流行刻划花与印花装饰。

定窑产品是宋金宫廷用瓷的最主要来源，宋代的"官"字款以及"尚食局""尚药局""乔位"等款识，金代的"尚食局""东宫"款识，以及不少器物上装饰的龙纹，都揭示出其与宫廷的紧密关系。

定窑是北方地区宋金时期最具代表性的白瓷窑场，也是继唐代邢窑之后兴起的又一个大的白瓷窑体系，其窑业技术、装饰工艺等对中国南方青白瓷的产生有重大的影响。

六　定窯

白瓷梅瓶

北宋中期
2009 年河北曲阳定窑窑址出土
口径 4.8 厘米，足径 7.3 厘米，高 23.7 厘米

圆唇，小口，短颈，圆肩，深腹弧收，近底处微
张，底内凹成卧足，足端平削。白胎，胎质较细
腻。通体施白釉，素面光洁匀净。足端刮釉。

97

紫定瓶

北宋中期

2009 年河北曲阳定窑窑址出土

口径 5.6 厘米，足径 7.2 厘米，高 20.2 厘米

圆唇，微敞口，沿面微凹略成小盘口，束颈，圆肩，圆鼓腹，下腹急收，矮圈足。白胎。通体施紫红釉，釉层均匀莹润，玻璃质感较强。足端刮釉。

白瓷弦纹三足炉

金代前期

2009 年河北曲阳定窑窑址出土

口径 11.2 厘米，底径 10.7 厘米，高 7.3 厘米

直口，筒腹，平底下承三蹄足。外壁饰三组凸
弦纹，由上至下分别为两周、三周、一周。白胎，
胎质较细腻。通体施白釉，釉层均匀莹润。芒口。

99

白瓷刻划花大钵

金代前期

2009 年河北曲阳定窑窑址出土

口径 31 厘米，足径 15 厘米，高 16.8 厘米

厚圆唇，近直口，深弧腹，平底，矮圈足。外壁剔刻三重莲瓣纹，内壁及底刻划萱草纹。白胎，胎体较薄，胎质细腻。通体施米白釉，釉层均匀。芒口。

100

白瓷刻花钵

北宋晚期
2009 年河北曲阳定窑窑址出土
口径 26 厘米，底径 13.5 厘米，高 12.5 厘米

敞口，深弧腹，平底下承凸棱一周。内外刻划花
叶纹。白胎，胎体较薄，胎质细腻。通体施白
釉，釉层均匀。芒口。

101

白瓷印花荷叶形枕

北宋晚期

2009 年河北曲阳定窑窑址出土

长 27.6 厘米，宽 28.9 厘米，枕面厚 0.6 厘米

枕分上、下两部分，上部如意形枕面宽阔半悬，
云头出尖，前低后高，中间微凹，其上模印缠枝
卷草纹；下部为梯形枕座，内中空，四周以卷草
纹作地，正中开光，足端剔刻条带状花纹一周。
白胎，胎质较细腻。器表施白釉，釉色匀净。施
釉不及足端及底座内侧。

白瓷刻划花折腹碗

北宋中期

2009 年河北曲阳定窑窑址出土

口径 17.7 厘米，足径 10.8 厘米，高 6.8 厘米

尖圆唇，侈口，斜折腹，平底，矮圈足。外壁刻
划蕉叶纹。白胎，胎壁较薄。通体施白釉，釉层
均匀莹润。芒口。

白瓷刻划花龙纹碗

北宋晚期

2009 年河北曲阳定窑窑址出土

口径 18.2 厘米，足径 8 厘米，高 10.6 厘米

尖唇，微敞口，深弧腹，矮圈足。外壁刻划龙
纹，内底模印团龙纹。白胎，胎体较薄，胎质
细腻。通体施米白釉，釉层均匀。芒口，足端
刮釉。

104

白瓷龙纹「尚食局」碗

北宋晚期

2009 年河北曲阳定窑窑址出土

口径 15.9 厘米，足径 7 厘米，高 8.4 厘米

尖唇，敞口，深弧腹，矮圈足。外壁饰龙纹，龙头上方自右向左刻"尚食局"。白胎，胎体较薄，胎质细腻。通体施米白釉，釉色白中泛黄，釉层均匀，局部缩釉。芒口。

白瓷刻花螭纹碗

北宋晚期

2009 年河北曲阳定窑窑址出土

口径 16.3 厘米，足径 5.6 厘米，高 6.9 厘米

尖唇，敞口，斜弧腹，矮圈足。外壁剔刻三重出
筋莲瓣纹，内底模印蟠螭纹，内壁近口沿处有条
带状花纹一周。白胎，胎体较轻薄。通体施米白
釉，釉层较肥厚。芒口，足端刮釉。

白瓷刻花碗

北宋晚期
2009 年河北曲阳定窑窑址出土
口径 22.1 厘米，足径 6.3 厘米，高 8.1 厘米

尖唇，敞口，深弧腹，矮圈足。内外刻划花叶
纹。白胎，胎体轻薄，胎质细腻。通体施白釉，
釉层匀净。芒口，足端刮釉。

107

白瓷印花斗笠碗

北宋晚期

2009 年河北曲阳定窑窑址出土

口径 19.1 厘米，足径 4.1 厘米，高 4.6 厘米

尖圆唇，敞口，斜腹，小圈足。内壁模印花叶纹。白胎，胎体较薄，胎质细腻。通体施白釉，釉层均匀，玻璃质感强。芒口，足端刮釉。

白瓷印花碗

金代后期

2009 年河北曲阳定窑窑址出土

口径 16.6 厘米，足径 5.6 厘米，高 7.2 厘米

圆唇，敞口，深弧腹，矮圈足。外壁素面；内壁
及底模印莲荷纹，近口沿处有条带状回纹一周。
白胎，胎体较薄，胎质细腻。通体施米白釉，釉
层匀净，玻璃质感较强。芒口。

白瓷印花碗

金代后期
2009 年河北曲阳定窑窑址出土
口径 17.4 厘米，足径 6.2 厘米，高 6.9 厘米

尖唇，敞口，斜弧腹，矮圈足。外壁素面；内壁
及底模印花叶纹，近口沿处有条带状回纹一周。
白胎，胎体较薄。通体施米白釉，釉面光洁，玻
璃质感较强，局部聚釉。芒口。

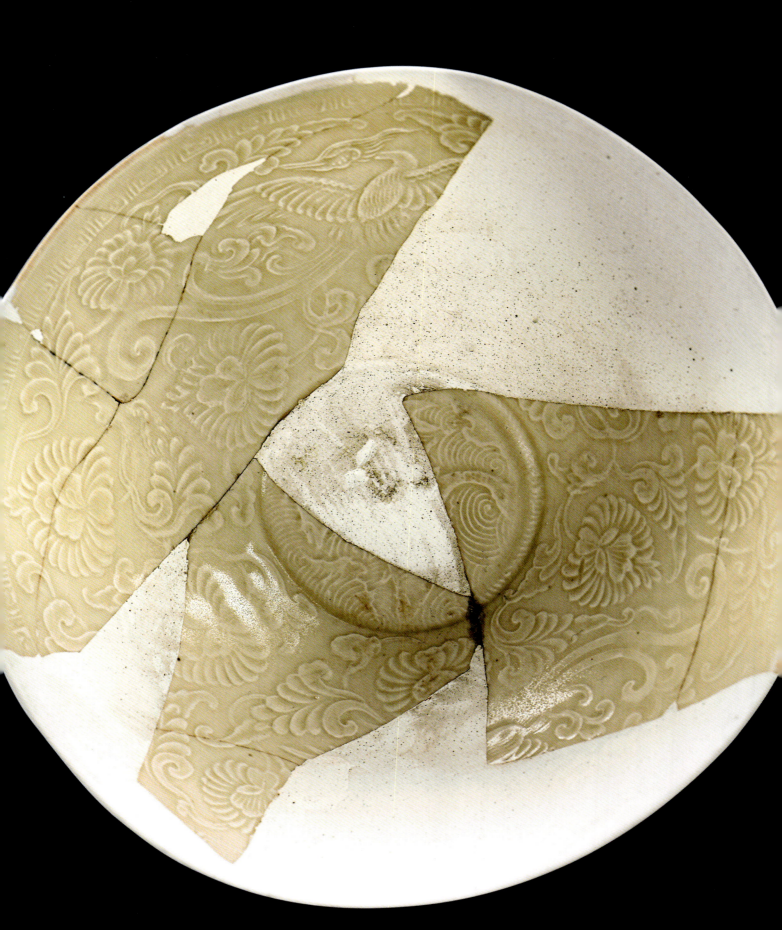

紫定碗

北宋中期

2009 年河北曲阳定窑窑址出土

口径 12 厘米，足径 3.8 厘米，高 4.2 厘米

尖唇，敞口，斜弧腹，矮圈足。白胎，胎体较轻薄。通体施紫红釉，釉层均匀，釉色不均。足端刮釉。

黑
瓷
碗

北宋晚期
2009 年河北曲阳定窑窑址出土
口径 11.7 厘米，足径 3.7 厘米，高 4.9 厘米

圆唇，敞口，斜弧腹，矮圈足。白胎，胎壁较
薄。器表施黑釉，釉层肥厚。内满釉，外施釉近
足端。

112

黑瓷酱斑碗

北宋晚期
2009 年河北曲阳定窑窑址出土
口径 19.5 厘米，足径 4.8 厘米，高 6.1 厘米

尖圆唇，敞口，斜腹，小圆足。白胎，胎体较
轻薄。器表施黑釉，上有较为均匀的点状酱斑。
内满釉，外施釉近足端。外底粘连泥饼。

白瓷『尚药局』款盒

北宋晚期
2009 年河北曲阳定窑窑址出土
口径 23 厘米，底径 17.7 厘米，高 13.3 厘米

子口微敛，直腹，下腹弧收，平底。外壁近口沿
处自右向左刻"尚药局"，字体工整，下腹有凸
棱一周。白胎，胎质细腻。器表施白釉，釉层光
洁莹润。施釉不及口沿及外底。

114

白釉龙纹『东宫』款盘

金代后期

2009 年河北曲阳定窑窑址出土

口径 24.6 厘米，足径 8.1 厘米，高 5.6 厘米

尖唇，侈口、六曲花口，斜弧腹，腹较深，平底，矮圈足。内壁及底刻划龙纹，外底右侧自上而下釉上刻"东宫"。白胎，胎体较薄。通体施白釉，釉面匀净，玻璃质感较强。芒口。

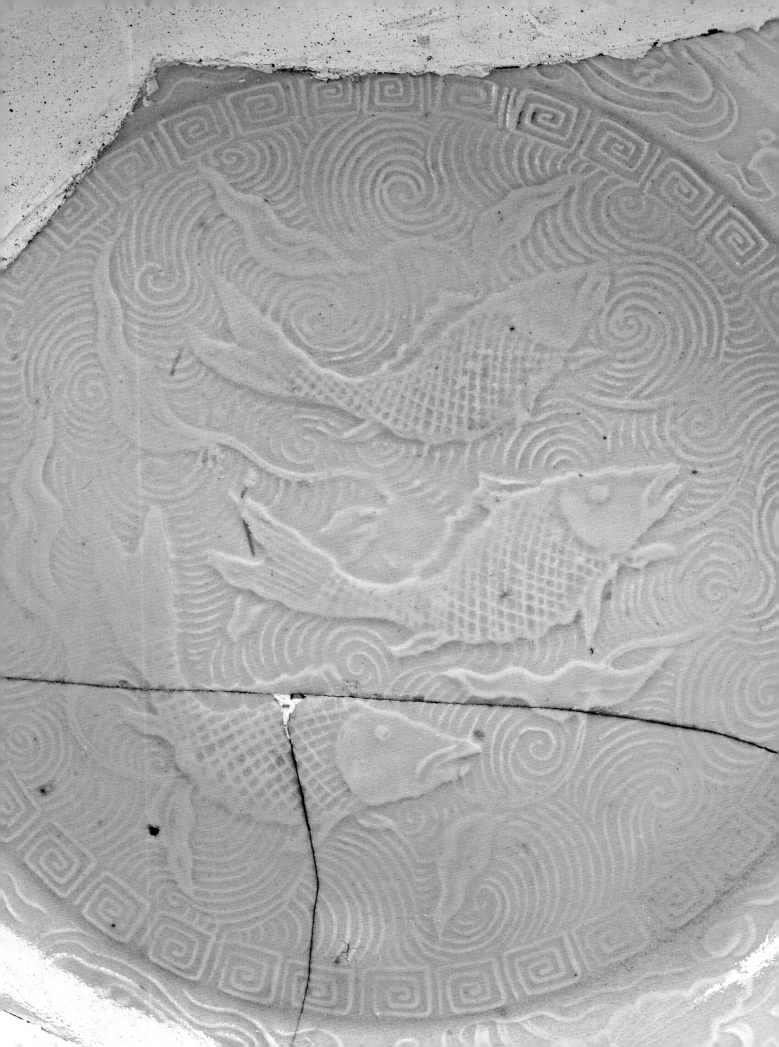

115

白瓷印花盘

金代后期

2009 年河北曲阳定窑窑址出土

口径 13.8 厘米，足径 7.9 厘米，高 2.7 厘米

尖唇，敞口，弧腹，平底，矮圈足。外壁素面；内底模印三鱼，头向一致，以海水波涛纹为地纹，外有条带状回纹一周；内壁模印花叶纹，近口沿处有条带状回纹一周。白胎，胎体较轻薄。通体施米白釉，釉层莹润。芒口。外壁粘连窑渣碎块。

北方地区的青瓷始于北朝末期至隋代初期，兴盛于隋，延及初唐，中唐以后被白瓷所取代，胎釉质量进一步下降，由此形成北方白瓷与南方青瓷的大格局。但在唐代，于北方白瓷的大格局中却有一个窑址反其道而行之，晚唐以后其青瓷产品逐渐成为主流，五代、北宋时期以青瓷名满天下，这就是陕西的耀州窑。

　　耀州窑唐代创烧于黄堡镇，五代时成熟创新，宋代鼎盛繁荣，金代延续发展，金元之际日渐衰落，明中期以后逐渐停烧。唐代耀州窑先烧黑釉、白釉、茶叶末釉和唐三彩、低温单彩等，后又烧黄褐釉瓷和青瓷，水平逐步提高。五代时则以青瓷为主，水平迅速提高。宋金之际繁盛时期的耀州窑青瓷以大量使用刻花和印花工艺而独具特色，装饰纹样达上百种，其中植物纹样以牡丹、菊、莲为主，动物纹样以鱼、鸭、鹅为主，人物纹样则以体胖态憨的婴戏为最多。

七　耀州窑

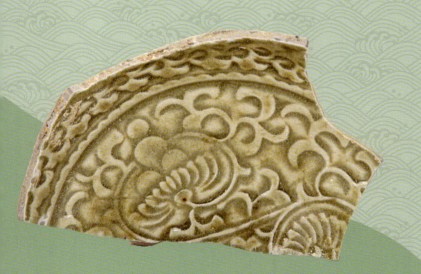

116

青瓷碗

北宋

陕西省考古研究院藏

足径 3.5 厘米，高 6 厘米

尖唇，敞口，深弧腹，圈足。外壁刻折扇纹。胎色灰白，胎质细腻。通体施青釉，釉面纯净明亮。足底刮釉露胎。内壁粘连一件匣钵。

117

青瓷刻花碗

北宋

陕西省考古研究院藏

足径 5.2 厘米，高 6.5 厘米

尖唇，敞口，深弧腹，圈足。内素面，外壁刻重圈莲瓣纹。胎色浅灰，胎质细腻。内外施青釉，釉色青中泛灰。内底有锈迹。足底刮釉露胎，周边有窑粘。

118

青瓷刻花碗

北宋

陕西省考古研究院藏

足径 6.5 厘米，残高 2.1 厘米

圈足。内底刻划"荷叶龟心"纹饰，外壁素面。胎呈灰色，胎质细腻。通体施青釉，釉面泛黄。足底刮釉露胎。

119

青瓷刻花碗

北宋

陕西省考古研究院藏

残长 8.4 厘米

内壁斜刀刻波浪式缠枝阔叶牡丹花。内外施青釉，釉色青绿泛黄，釉面明亮通透。

120

青瓷刻花碗

北宋
陕西省考古研究院藏
残长 7.1 厘米

内壁斜刀刻波浪式缠枝阔叶牡丹花，外壁素面。
胎色灰白，胎质细腻。内外施青釉，釉色青绿泛
黄，釉面明亮通透。足底刮釉露胎。

121

青瓷刻花碗

北宋
陕西省考古研究院藏
足径 6.7 厘米，残高 3.4 厘米

内壁有刻划装饰，外壁素面。胎色灰白，胎质细
腻。内外施青釉，釉色青中泛黄，釉面均匀。内
底有刮釉涩圈，足底刮釉露胎。

122

青瓷印花碗

北宋

陕西省考古研究院藏

足径 3.6 厘米，残高 3.5 厘米

圈足。内底印团菊纹，内壁印牡丹纹，外壁刻折扇纹。胎色灰白，胎质细腻。釉色青绿，内壁釉面均匀透亮，外壁釉层不均。足底刮釉露胎。

123

青瓷印花碗

北宋

陕西省考古研究院藏

足径 4.5 厘米，残高 3.3 厘米

圈足。内底印团菊纹，外壁素面。胎色浅灰，胎质细腻。釉色青黄，釉面纯净。足底刮釉露胎。

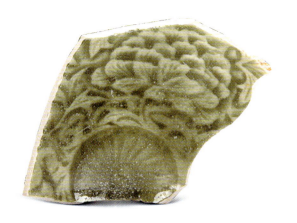

124

青瓷印花碗

北宋
陕西省考古研究院藏
足径 3.6 厘米，残高 3.5 厘米

圈足。内底印牡丹纹，外壁素面。胎色灰白，胎
质细腻。通体施青釉，釉层不均。足底刮釉露胎。

125

青瓷印花碗

北宋
陕西省考古研究院藏
足径 3.4 厘米，残高 3.5 厘米

内壁印婴戏图，人物双手举起呈倚坐状；外壁刻
折扇纹。胎色浅灰，胎质细密。内外施青釉，釉
色青绿，釉面明亮通透。足底刮釉露胎。

126

青瓷印花碗

北宋
陕西省考古研究院藏
足径 3.9 厘米，残高 2.5 厘米

圈足。内壁印水波纹与花叶纹，外壁刻折扇纹。胎色浅灰，胎质细腻。内外施青釉，釉面纯净。足底刮釉露胎。

127

青釉印花碗

北宋
陕西省考古研究院藏
足径 3.6 厘米，残高 3 厘米

圈足。内壁印鱼纹和水波纹，外壁刻折扇纹。胎色灰白，胎质细腻。内外施青釉，釉色青中泛灰。足底刮釉露胎。

青瓷印花碗

北宋
陕西省考古研究院藏
足径 4.5 厘米，残高 3.8 厘米

内壁印花叶纹，外壁素面。胎色灰白，胎质细腻。
内外施青釉，釉色青中泛黄。内壁釉面均匀，外
壁釉面多有小气泡。

129

青瓷印花碗

北宋
陕西省考古研究院藏
口径 8.7 厘米，残高 5.6 厘米

圆唇。内壁印莲荷纹。胎色浅灰，胎质细密。内
外施青釉，釉色青中泛灰。足底刮釉露胎。

130

青瓷印花碗

北宋
陕西省考古研究院藏
残长 4.3 厘米

内壁印水波纹，外壁刻折扇纹。胎色浅灰，胎质细密。内外施青釉，釉色青中泛灰。足底刮釉露胎。

131

青瓷印花碗

北宋
陕西省考古研究院藏
残长 5 厘米

内壁印团菊纹，外壁刻折扇纹。胎色灰白，胎质细密。内外施青釉，釉色青绿泛灰，釉面纯净。

132

青瓷印花碗

北宋
陕西省考古研究院藏
残长 6.2 厘米

内壁印枝叶纹，外壁刻折扇纹。胎色浅灰，胎质
细腻。内外施青釉，釉色青绿，釉面明亮通透。
足底刮釉露胎。

133

青瓷印花碗

北宋
陕西省考古研究院藏
足径 5.7 厘米，残高 3.6 厘米

内壁印团菊纹；外壁刻折扇纹，近口沿处有一道
弦纹。胎色灰白，胎质细腻。釉色青黄，釉面晶
莹透亮。足底刮釉露胎。外壁近口沿处有一处
窑粘。

134

青瓷印花碗

北宋

陕西省考古研究院藏

足径 3.5 厘米，残高 3.7 厘米

圈足。内壁印水波纹，外壁刻竖条纹。胎色灰
白，胎质细腻。内外施青灰釉，釉面纯净。足底
刮釉露胎。

135

青瓷印花碗

北宋

陕西省考古研究院藏

足径 4.9 厘米，残高 1.4 厘米

内壁及底印缠枝花卉纹，外壁素面。胎色灰白，
胎质细腻。内外施青釉，釉色青绿泛黄，釉面明
亮通透。足底刮釉露胎。

青瓷印花碗

北宋
陕西省考古研究院藏
残长 7.2 厘米

内壁印花叶纹，外壁素面。胎色灰白，胎质细腻。
内外施青釉，釉色青中泛灰，釉面明亮通透。

137

青瓷印花碗

北宋
陕西省考古研究院藏
残长 6.4 厘米

内壁印鱼纹和水波纹，外壁刻竖条纹。内外施青
釉，釉色青中泛灰，釉面纯净。

138

青瓷印花碗

北宋
陕西省考古研究院藏
足径 6 厘米，残高 7.4 厘米

内壁印缠枝花卉纹，外壁素面。胎色灰白，胎质
细腻。釉色青黄，釉面不均。内底有刮釉涩圈，
足底刮釉露胎。

139

青瓷印花碗

北宋
陕西省考古研究院藏
残长 12 厘米

敞口。内壁印缠枝花卉纹，外壁素面。胎色灰
白，胎质细腻。釉色青黄，釉面晶莹润泽。内底
刮釉涩圈，足底刮釉露胎。

140

青瓷印花碗

北宋
陕西省考古研究院藏
足径 5.9 厘米，残高 4.5 厘米

内壁印缠枝花卉纹，外壁素面。胎色灰白，胎质
细腻。釉色青黄，釉面平整。内底刮釉涩圈，足
底刮釉露胎。

141

青瓷碗

北宋
陕西省考古研究院藏
足径 6.9 厘米，残高 3.9 厘米

圈足。素面。胎色灰白，胎质细腻。内外施青绿
色釉，釉层不均，开片较多。足底刮釉露胎。

142

青瓷碗

北宋
陕西省考古研究院藏
足径 4.3 厘米，高 6.2 厘米

圆唇，敞口，深弧腹下收，圈足。胎色浅灰，胎
质细腻。通体施青釉，釉面纯净。足底刮釉露胎。

青瓷碗

北宋
陕西省考古研究院藏
足径 5.2 厘米，残高 3.2 厘米

圈足。胎色灰白，胎质细腻。通体施青釉，釉面
纯净。足底刮釉露胎。

144

青瓷碗

北宋
陕西省考古研究院藏
足径 3.3 厘米，残高 4.3 厘米

圆唇，侈口，深弧腹，圈足。素面。胎色灰白，
胎质细腻。内外施青绿色釉，釉层不均。足底刮
釉露胎。

145

青瓷碗

北宋
陕西省考古研究院藏
口径 10 厘米，高 7.2 厘米

尖唇，侈口，深弧腹，圈足。素面。胎色灰白，
胎质细腻。内外施青绿色釉，釉面明亮通透。足
底刮釉露胎。

146

青瓷碗

北宋
陕西省考古研究院藏
足径 3.5 厘米，残高 4.5 厘米

素面。胎呈白色，胎质细腻。内外施青釉，釉面明亮通透，有少量开片。圈足刮釉露胎。

147

青瓷碗

北宋
陕西省考古研究院藏
足径 3.6 厘米，残高 3.5 厘米

素面。胎呈白色，胎质细腻。内外施青釉，釉面明亮通透。圈足刮釉露胎。

青瓷碗

北宋
陕西省考古研究院藏
足径 5.1 厘米，残高 3.4 厘米

高圈足。素面。胎色灰白，胎质细腻。釉色青黄，釉面晶莹润泽。内底刮釉涩圈，足底刮釉露胎。

青瓷碗

北宋
陕西省考古研究院藏
足径 5 厘米，残高 5 厘米

内壁素面，外壁饰若干弦纹。胎色灰白，胎质细腻。釉色青黄，釉面晶莹。内底刮釉涩圈，足底刮釉露胎。

150

青
瓷
碗

北宋
陕西省考古研究院藏
足径 3.9 厘米，残高 4.4 厘米

高圈足。素面。胎色灰白，胎质细腻。釉色青中
泛黄，釉面均匀。内底刮釉涩圈，足底刮釉露胎。

151

酱釉瓷碗

北宋
陕西省考古研究院藏
足径 4.7 厘米，残高 2.3 厘米

内壁印缠枝纹，外壁素面。胎色灰白，胎质细腻。
内外施酱釉，釉面暗淡无光。足底刮釉露胎。

152

酱釉瓷碗

北宋
陕西省考古研究院藏
口径 12.2 厘米，高 8.3 厘米

厚圆唇，敞口，斜直腹，矮圈足。素面。胎色浅
灰，胎质细腻。通体施酱釉，釉层不均。

153

青瓷刻花器盖

北宋
陕西省考古研究院藏
口径 9.3 厘米，残高 4 厘米

盖面隆起，盖沿向上翘起，沿下设子口。盖面刻有花朵纹。胎色浅灰，胎质细腻。仅盖面施釉，釉面明亮通透。

154

火照

北宋
陕西省考古研究院藏
残长 6 厘米

呈不规则状，中间有一圆孔。施青釉。

155

匣
钵

北宋
陕西省考古研究院藏
底径 13.5 厘米，高 4.9 厘米

圆筒形。敞口，口大底小。

　　湖田窑是青白瓷的典型窑场，因窑业中心在景德镇的湖田村而得名。其约创烧于五代，发展于北宋早期，兴盛于北宋晚期至南宋早期，在南宋晚期衰退的同时产品面貌发生巨大转变，虽元代以后主流青白瓷产品被卵白釉等瓷器所取代，但生产一直延及明清时期。北宋中晚期到南宋早期的湖田窑青白瓷胎釉质量精细，被称为饶玉。装饰以刻划花为主，印花在南宋中期以后渐趋流行，手法简练，技巧娴熟。纹饰题材以莲荷、牡丹、菊花等为主。装烧工艺方面，北宋中晚期到南宋早期以仰烧法为主，南宋中期以后逐渐为芒口覆烧法所取代。

　　景德镇的湖田窑青白瓷窑场不仅生产规模庞大、窑业发展序列完整，而且质量高超，尤其是北宋中晚期至南宋早期鼎盛时期的产品，胎体薄而透光，釉色莹润亮丽，釉质如玉，釉面晶莹碧透，造型秀美精巧，被称为影青瓷。以目前的考古资料来看，这部分高质量瓷器主要限于景德镇地区烧造。

　　青白瓷是两宋时期南方地区产品流布极广、窑业烧造规模极为庞大的瓷器种类。以江西地区来说，除窑业的核心景德镇以外，生产青白瓷的窑场在纵贯江西南北的赣江流域及其支流（如抚河等）均有广泛分布，并且在赣江上游的赣州七里镇、吉州永和镇、抚河流域的南丰白舍等地形成相当大的生产规模，质量仅次于景德镇地区，成为青白瓷生产的次级生产区域。在江西以外，整个东南地区均有青白瓷窑址分布，包括长江沿线的安徽、湖北、湖南，以及更往南的浙江、福建、广东、广西等。尤其是福建省，从靠近江西地区的闽西北内陆延及闽东南沿海，几乎整个省域都有生产青白瓷的窑场，并且德化、闽清一带生产规模相当庞大，产品广泛出口于当时的海外市场。

八　湖田窑

青白瓷瓜棱执壶

北宋
江西景德镇湖田窑出土
口径 6.6 厘米，底径 8.1 厘米，高 22.2 厘米

尖唇，大喇叭形敞口，粗长颈，瓜棱腹，平底。
圆形长流，流口略弧。柄顶部有圆形小系，肩部
两侧有扁系。灰白色胎。通体施青白色釉。底部
见支烧痕。

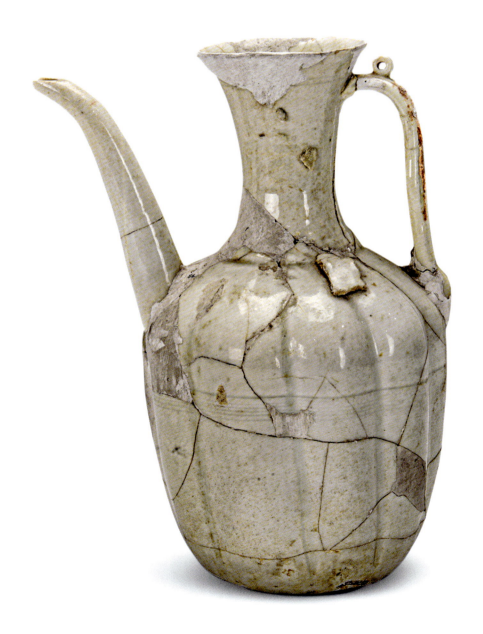

青白瓷执壶

北宋
江西景德镇湖田窑出土
足径 8.5 厘米，残高 15.9 厘米

流与执皆不存。近葫芦形。上腹圆鼓较小，束颈，下腹近球形，圈足。灰白色胎。通体施青白色釉，局部受沁。足端见五处支烧痕。

青白瓷瓜棱瓶

北宋
江西景德镇湖田窑出土
足径 6.9 厘米，残高 16.6 厘米

粗长颈，圆肩，瓜棱腹内收，圈足外撇。颈部饰
弦纹三道，下腹近圈足处饰弦纹一道，圈足遍饰
竖条纹。灰白色胎。青白釉，圈足内不施釉，局
部受沁。

159

青白瓷瓶

北宋

江西景德镇湖田窑出土

足径 4.8 厘米，残高 7.6 厘米

肩部以上不存。折肩，瓜棱腹内收，圈足外撇。
灰白色胎。青白色釉，施釉不及底，底足处积釉
明显。圈足内粘有垫饼。

青白瓷净瓶

北宋
江西景德镇湖田窑出土
口径 3 厘米，残高 6.3 厘米

肩部以下不存。尖唇，喇叭形敞口，竹节形长颈，圆肩。颈肩交界处饰凸弦纹一道，肩部划花。灰白色胎。青白色釉。

161

青白瓷长颈瓶

南宋
江西景德镇湖田窑出土
口径 5.9 厘米，残高 10.4 厘米

肩部以下不存。圆唇，直口略外撇，长粗颈，溜肩。颈部饰蕉叶纹，肩部细线划缠枝花纹，双耳饰兽面。灰白色胎。青白色釉，外满釉，内仅口沿处施釉，局部受沁。

青白瓷狮座花口
瓶形花插

北宋
江西景德镇湖田窑出土
底长 8.2 厘米、宽 4.2 厘米，高 8 厘米

花口外撇，颈部鼓起，呈瓜棱形。座身呈卧狮
形，中空。灰白色胎。通体施青白色釉，局部
受沁。

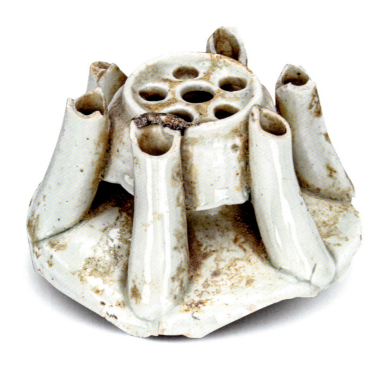

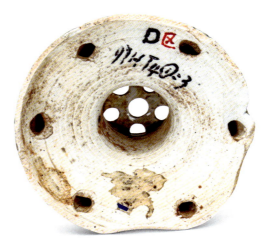

163

青白瓷六管插器

北宋

江西景德镇湖田窑出土

底径 10.5 厘米，残高 6 厘米

六管略呈弧形，顶部略残损，中有圆形平台，上镂六孔，圆形底座。灰白色胎。青白釉，施釉不及底。修整不甚规则，底部可见拉坯痕。

164

青白瓷高足炉

北宋

江西景德镇湖田窑出土

底径 6.1 厘米，残高 5.1 厘米

仅存足部。圆形中空高足，出棱两周，波浪形底足。底足遍饰竖条纹。外满釉，炉身内外底均有釉，足内不施釉。足内侧见支烧痕。

青白瓷高座炉

北宋
江西景德镇湖田窑出土
口径 6.4 厘米，足径 4.5 厘米，高 8.9 厘米

圆唇，口微束，深弧腹，圆柱形高座，高圈足，
外底中心镂孔，座中空。束口处见凹弦纹一道，
炉身与座交界处贴花口边，座近底部出棱一周。
灰白色胎。通体施青白色釉，局部受沁。

166

青白瓷双龙枕

北宋
江西景德镇湖田窑出土
底径 11.5 厘米，高 11 厘米

仅存一端。整体作双龙盘踞状，中空，椭圆形平底，底部中心开孔。龙身雕刻立体，饰篦点、篦划纹，足、角等细部为贴塑。灰白色胎。通体施青白釉。底部见装烧痕。

青白瓷刻划花碗

北宋
江西景德镇湖田窑出土
足径 5.5 厘米，残高 3.3 厘米

弧腹内收，圈足。内壁细线划及篦划花卉纹装
饰。灰白色胎。青白色釉，内外满釉。圈足内见
垫饼痕。

168

青白瓷『黄兄凌小七子』铭碗

南宋
江西景德镇湖田窑出土
足径 5.8 厘米，残高 2.7 厘米

内壁见划花，内底刻"黄兄凌小七子"字样。灰白色胎。通体施青白色釉。圈足内见垫饼痕。

169

青白瓷莲瓣纹碗

南宋
江西景德镇湖田窑出土
足径 5.8 厘米，残高 5.2 厘米

弧腹内收，圈足。外壁印莲瓣纹。灰白色胎。通体施青白色釉。圈足内见垫饼痕。

170

青白瓷云气纹盏

北宋
江西景德镇湖田窑出土
足径 5.7 厘米，残高 4 厘米

斜腹内收，矮圈足，内底中心略凹。内壁划云气纹。灰白色胎。通体施青白色釉。圈足内见垫饼痕。

171

青白瓷斗笠盏

北宋
江西景德镇湖田窑出土
足径 6.2 厘米，残高 3.8 厘米

斜腹内收，圈足。内壁划花，篦划装饰，外壁近圈足处凹陷一周。灰白色胎。通体施青白色釉。圈足内见垫圈痕。

172

青白瓷刻划花盏

北宋
江西景德镇湖田窑出土
足径 4.6 厘米，残高 4.2 厘米

直腹内收，圈足。内壁细线划花叶纹。灰白色
胎。通体施青白色釉。圈足内见支烧痕。

173

青白瓷高足盏

南宋
江西景德镇湖田窑出土
足径 3.4 厘米，残高 2.7 厘米

弧腹内收，高圈足。内底模印花卉纹。灰白色
胎。通体施青白色釉，局部受沁。

174

青白瓷渣斗

北宋

江西景德镇湖田窑出土

足径 7.8 厘米，残高 7 厘米

大盘口，短粗颈，溜肩鼓腹，圈足略外撇。灰白
色胎。通体施青白釉。圈足内见垫圈痕。

175
青白瓷印莲荷纹盒盖

北宋
江西景德镇湖田窑出土
口径 7.7 厘米，高 1.5 厘米

圆形，直壁子口，盖面略呈弧形。盖面模印莲
荷纹。灰白色胎。青白色釉，外满釉，子口不
施釉。

176
青白瓷盒

南宋
江西景德镇湖田窑出土
口径 7 厘米，高 2.6 厘米

仅存盒身。六瓣花形。子口，直壁，折腹内收，
矮圈足。外底印"□家合子□"字样。灰白色
胎。内外均施青白色釉，子口及底部不施釉。

177

青
白
瓷
莲
瓣
纹
器
盖

北宋
江西景德镇湖田窑出土
盖径 14.9 厘米，通高 4.3 厘米

圆形，中心鼓凸，略变形，果蒂形纽，子口。盖
面印双重莲瓣纹。灰白色胎。青白釉，外满釉，
内口沿处不施釉。见与器身合烧痕迹。

后记

　　两宋（宋金）之际，政局的动荡造成了南北窑场、官民窑业相互融合与激荡的局面，这一时期窑业的研究，对于探索诸多重要窑场和技术风格的形成、演变以及相互之间的交流影响具有重要意义。为进一步探索这一时期窑业的基本面貌及相互交流情况，2019 年 11 月 14 日至 15 日，由复旦大学科技考古研究院与慈溪市人民政府联合主办、慈溪市文化和广电旅游体育局承办的"复旦大学陶瓷考古论坛——两宋（宋金）之际的中国制瓷业学术研讨会"在浙江慈溪召开。来自河南、河北、陕西、山西、浙江、湖南、广西、福建、上海、北京等省、自治区、直辖市的 50 余位学者齐聚一堂，其中 13 位学者围绕两宋（宋金）之际陶瓷考古的新发现、新研究和新进展先后作学术报告。

　　本次研讨会内容涉及多个地区的诸多窑系及具体窑址的考古新发现和研究新进展，与会学者针对产品特征及分期、窑具及装烧工艺、窑业技术的互动及交流、瓷窑业生产所反映的政治制度及社会背景等问题进行了广泛交流，进一步明晰了两宋（宋金）之际这一重要转变时期的窑业面貌，推动了我国制瓷业综合研究的纵深发展。

　　同时，为了更直观地展示这一时期的窑业面貌，在上林湖越窑博物馆举办了"片羽吉光——两宋之际代表性窑址出土瓷器标本展"，该展览得到了浙江省文物考古研究所、河北省文物考古研究院、河南省文物考古研究院、江西省文物考古研究院、陕西省考古研究院、南宋官窑博物馆、龙泉市博物馆等多家单位的支持。本图录正是此次展览展品的汇集。

　　向为此次研讨会与展览成功举办付出大量努力的所有人员，以及支持本次展览的有关兄弟单位表示衷心的感谢。

编　者

2022 年 10 月